それから どうなった?

―あのころ輝いた場所の「今」を歩く―

鼠入 昌史

理工図書

はじめに

町の変化は、早すぎる。

ある日突然、駅の近くに新しいマンションができていたり、国道沿いに大型商業施設ができていたり。それほど大げさな変化ではなくても、いつのまにかコンビニが開店したり、チェーン店の居酒屋がオープンしていたり、といったことは日常茶飯事だ。

そして、それらに共通しているのは、そこに以前は何があったのかが、すっかり思い出せないということである。

毎日通りすがっていても、前に何があったのかがわからない。記憶力の問題だとか、興味関心の問題だとかもあるかもしれないが、それはやはり町の変化が早すぎるからだろう。

そうして、町は少しずつ変わってゆく。都市として形ができたときから悠久幾星霜。たとえば、「東京」という都市そのものは江戸の昔から同じ場所にあって、本質的な部分では変わらないところも少なくない。けれど、現実に東京を構成している建物や施設は、ごく一部の史跡、旧蹟と呼ばれるようなところを除いてほぼすべてが変わっている。ひとつの都市は、まるでテセウスの船のようだ。

そんな生まれては消えていった施設の中には、町の性質に大きな影響を及ぼしたものもある。良くも悪くも人々の暮らしを変え、新しい文化を生み出した。そこに、新時代の夢を見たこともあるだろう。華々しく完成したときには、新しい時代の象徴として、人々の憧憬の対象にもなった。

ひとつ、具体的な例を挙げてみよう。

東京の下町は南千住に、かつて東京スタジアムという野球場があった。プロ野球・東京オリオンズのホームスタジアム。スタジアムの周りは町工場やそこで働く人たちが暮らす密集地。そうした下町に、高度経済成長期真っ只中の一九六二（昭和三十七）年、東京スタジアムは誕生した。煌々と灯る照明灯から「光の球場」、また下町の庶民が気軽に出かけられることから「下駄履きの野球場」などと呼ばれて親しまれた。オリオンズのオーナーで、映画界の風雲児だった永田雅一が、夢と希望を乗せて築いた城だった。

その夢の城は、わずか一〇年で役割を終えた。のちに取り壊されて、いまでは跡形もなくなった。

東京スタジアム建設の経緯や閉鎖までの歩み、また現在の様子は該当項を読んでいただくとして、ならば東京スタジアムの存在は完全になかったことになってしまうのだろうか。きっと、いまその町で暮らしている人も、かつてここに東京スタジアムがあったんだな、などと意識することなどないに違いない。ほんの少し前まで、そこにあったはずの〝何か〟が何だったのかをすっかり忘れ、新しくできた施設に翻弄されるのが人間という生き物だ。だから、スタジアムだろうが遊園地だろうが、消えてしまえば過去のもの。過去にこだわっていても前には進めない、といったところだろうか。

だがしかし。本当に、過去にそこにあったものは、完全に消え失せてしまったのだろうか。きっと、そんなことはないと思う。短い期間であっても、そこに夢を見て、思いを馳せて何かを託した。そうした幾万の人たちの情念は、何かしらの形でそこに残り、次の時代に影響を与えているに違いない。

本書では、そんな先人たちがかつて夢見たさまざまな施設の〝その後〟を取りあげた。痕跡が色濃く残っているところもあれば、まるで最初から存在しなかったような扱いを受けているところもある。そんなかつての夢の跡。時代を経て、何がどう変わり、どういまに息づいているのか。そうしたことを考えながら、町を歩いた。どれもこれも、紛れもなくいまの日本を形作ってきた、兵どもの夢の跡である。

それからどうなった？　目次

サッチーが水着になった遊園地

としまえん

西武の電車で池袋から魔法の旅へ

池袋駅から、西武線に乗ろう。

行き先は多岐にわたる。特急ラビューが秩父を目指すかと思えば、飯能行きの急行や準急も走る。二〇〇八（平成二十）年に練馬駅を介して地下鉄副都心線との直通運転がはじまってから、快速急行は地下鉄経由。ターミナル・池袋を発する電車は、各駅停車が中心になっている。

池袋駅から走る各駅停車は、平日の昼間だったら一時間に八本も。そのうち半分の四本が、豊島園駅行きだ。池袋から豊島園までは十五分。その短い道のりは、まるでハリー・ポッターの世界に誘われるような旅である。

まず、池袋駅のホームからして特別な設え。やってくる電車もハリー・ポッターのラッピングが施されているし、到着する豊島園駅ともなると、ますますムードが高まってくる。ホグズミード駅をイメージしたというホームでは、受話器を取るとちょっとした仕掛けを楽しめる電話ボックスや、空から舞い降りる魔法列車が出迎える。改札を抜けてからも世界観は変わらず統一されていて、駅前広場の電話ボックスの中にはナゾのトランクと足跡が……。

こうして期待感が高まったまま、豊島園駅の駅前広場のすぐ先にあるエントラ

豊島園駅の入口

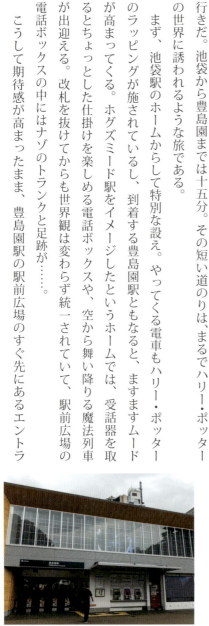

ンスから少し進んで石神井川を渡れば、そこにあるのがハリー・ポッターのテーマパーク「スタジオツアー東京」だ。いつしか、池袋から豊島園に向かう黄色い電車は、ハリー・ポッターの世界観に覆われた、魔法の列車に生まれ変わったのである――。

かくのごとく、豊島園駅はすっかりハリー・ポッターの聖地になっている。スタジオツアー東京の中まで足を伸ばすことはしなかったけれど、西武線の豊島園駅に降り立つだけでもそうしたことは充分に理解できる。コスプレを楽しんでいる人の姿も見かけるし、駅の脇の映画館ではハリー・ポッターの過去作を上映していたり。まあとにかく、どこを切り取ってもハリー・ポッターファンにはたまらない駅、豊島園なのだ。

そして、表面的にはほんの数年前までここにザ・昭和の遊園地「としまえん」があったことなど、もはや想像も及ばない。スタジオツアー東京ができてから、はじめてこの町にやってきた人もいるに違いない。逆に、としまえんがなくなったから、この町に来なくなったという人もいる。後者の人たちが、いまの豊島園駅を見たら、びっくり腰を抜かしてホームのベンチにへたり込んでしまうかもしれない。

あの、古き良き遊園地、としまえんは、いったいどこへ。魔法の世界と昭和の

豊島園駅ホームの魔法列車

豊島園駅ホーム上のベンチはとしまえんで使われていたもの

遊園地、それはまったく、似ても似つかぬ世界観。

などといっても、よくよく探してみれば、まだまだ本質的にはこの町が〝としまえん〟の町であることは変わっていないようだ。

ハリー・ポッターの世界観といいながらも、駅前から豊島園通りまで抜ける細い道沿いの小さな商店街は相も変わらず庶民的だし、少し駅前から足を伸ばして歩いても、牧歌的な東京郊外の住宅地としての空気感も変わっていない。だからこそ、ハリー・ポッターの世界観になっているところが目立って感じられるのだろうか。いずれにしても、駅の名前はいまも変わらず「豊島園」。魔法の世界の中に、かすかに残るとしまえん。時代はそう簡単に、過去を一掃してすべてを変化させるような野暮なことはしないものなのである。

奇抜な広告に世界最古級の回転木馬

「としまえん」とはいったい何だったのだろうか。

個人的な思い出を語れば、一九九八(平成十)年頃だっただろうか、サッチーが水着姿でとしまえんの広告に登場していたことが印象に残っている。「水着で乗れるとしまえん」なるキャッチフレーズがセットになっていたはずだ。

サッチーとは、野村克也監督(当時ヤクルト)夫人の野村沙知代さん。この頃、サッチーはやたらとテレビに登場して、バラエティタレントのごとく活躍していた。ちなみに、伝説の〝ミッチー・サッチー騒動〟が世間を賑わすのは、一九九九（平成十一）年のことだ……って、覚えている人、いますかね？

とにかく当時のサッチー、齢六十六歳。としまえんという遊園地は、ずいぶんと奇をてらったことをするものだと感心したというか、あっけにとられたというか、まあそういう気持ちになったことを覚えている。

としまえんの奇抜な広告は、サッチーばかりではない。個人的にはあまり記憶にないけれど、水着サッチーなんてまだまだ軽い方といったほうがいいかもしれない。

たとえば、一九九二（平成四）年には「豊島園に、サンタフェの扉が、やってきた!!」。前の年、宮沢りえのヘアヌード写真集「Santa Fe」が話題を呼んだ。それをさっそくイジったというか、あやかったのである。家族連れから中学生や高校生までたくさん訪れる遊園地にサンタフェって、いまの時代ではあれこれ難癖をつけられて炎上しそうである。

二〇〇八（平成二十）年は「冷し温水。」、二〇〇九（平成二十一）年には「プールで、やく。」。前者は俳優の温水洋一、後者は漫画家のやくみつるが登場したタレントイジりパターンだ。二〇一〇（平成二十二）年には、デーブ・スペクターに「一刻も早くすべりたいです」と言わせている。

水着サッチーと似たようなものでは、二〇一〇（平成二十二）年の「TSM

1992 年の広告。中央が「サンタフェ」の扉

48」がある。プールサイドに水着姿の中年女性がずらりと並んで、〝年増〟にかけた〝TSM〟。もちろんAKB48にあやかったものだ。これもサンタフェ同様に、いまだったら許されなさそうな広告である。

ほかにも取りあげたい個性的な広告はいろいろあるが、これくらいにしておこう。いずれにしても、としまえんはこうした変わった広告のおかげで、他の遊園地やテーマパークの中に埋没せず、行ったことがなくても知っている、くらいの存在感を保つことができたのであろうことはまちがいない。

もちろんヘンな広告だけではなく、施設面もなかなか充実していた。とりわけプールは一九二九（昭和四）年に設置されてからの名物で、一九六五（昭和四十）年には世界ではじめてとなる流れるプールが登場、大型ウォータースライダーの「ハイドロポリス」なんかも最後の最後まで人気を集めていた。水着サッチーの広告のとおり、水着のままプールだけでなく園内を楽しむことができるのもとしまえんの特徴で、夏場には水着姿の若い男女で大賑わい。文字通りの〝芋洗い〟状態であった。

としまえん最後の広告

アトラクションはジェットコースターからお化け屋敷、スカイトレインなどなど、定番ものがしっかり揃っていた。「カルーセルエルドラド」は一九〇七（明治四十）年にドイツ・ミュンヘンで製造されたという、年季の入ったメリーゴーラウンド。レトロなデザインと積み重ねてきた歴史が人気を呼び、二〇一〇（平成二十二）年には「機械遺産」に認定されている。としまえんにやってきたのは一九七〇（昭和四十五）年で、それ以前は長らくアメリカ・ニューヨークで活躍し、マリリン・モンローも乗ったことがあるのだとか。日本では最古、世界でも最古級のメリーゴーラウンドだった。

実業家の奉仕の心がとしまえんを生み出した

としまえんは、一九二六（大正十五）年に開園した。開いたのは実業家の藤田好三郎。藤田自身の別荘地として練馬城址石神井川以南の土地を購入し、休日に家族で訪れていた。園芸施設などを整えたのも最初は自分と家族のために。しかし、藤田は考えを変えて、一般に公開して誰もが楽しめる景勝地にすることを決意する。

東京都心の人口密集が進み、さらに一九二三（大正十二）年の関東大震災以降は郊外に人が流れた。そうした社会状況を受けて、藤田はこの土地を個人利用するのではなく、市民に広く開放したいと考えたのだ。そして、石神井川以北の土地も借り入れて、約一〇万坪の敷地で遊園地を整えた。設計を担ったのは、造園家の戸野琢磨。開園時の名称は、「練馬城址 豊島園」といった。

藤田が豊島園に託した思いは、「黄塵万丈の非衛生の東京に於ける小学児童の為に、健康と快楽を与へたい」「公衆に対して簡単に運動場を提供したい」「園芸趣味を鼓吹し、心行くばかり日光と土に親しましめたい」という三大目的に集約される。この時代の実業家、つまりオカネモチの方々は、自らの資産を活かして社会に奉仕しようという意識を持っていたのである。

一九二六（大正十五）年の開園は部分開園で、一九二七（昭和二）年四月二十九日に全面開園を果たす。当時の遊園地はスリル満点のアトラクション中心ではなく、ちょっとした公園に毛が生えたようなもの。石神井川とその両岸の丘陵という自然の地形を活かした景勝地としての整備が中心だった。それでも、園芸施設に音楽堂、野外劇場、ウォーターシュートを完備したプールまで揃っていた。陸上競技場や野球場もあって、野球場では六大学の対抗戦も行われたそうだ。

開園時からシンボルになったのは「古城の塔」。当初は食堂として使われていた、イギリスの古城をイメージしたという建物だ。すっかりすべてが消えてしまったいまのとしまえんにあっても、古城の塔だけは残されている。

全面開業からおおよそ半年後の一九二七（昭和二）年十月には、武蔵野鉄道（現・西武鉄道）豊島園駅も開業する。武蔵野鉄道にとっても、沿線の行楽地への輸送によって収益を確保しようという狙いがあったのだろう。こうして交通の便も整って、としまえんは開園当初から東京近郊の行楽スポットとして人気を集めるようになってゆく。

この当時のとしまえんについて、雑誌『武蔵野』は次のように書いている。

「曠野に聳ゆる一圓の松林中に、隠見する古城は異國情緒をそそり、好奇の眼をみはらせる。コンクリートで固めた古城建築の展望台に登れば、富峰につづく秩父日光の連山が一眸のもとに眼界に収まり、武蔵野特有の曠野が周囲に展開し来る」

いまでこそ、としまえんの周囲は住宅地、どこまでも続く大都市・東京の一部に組み込まれてしまったが、当時はまだまだのどかな郊外の田園地帯。眺望を遮るようなものもなく、絶景を楽しむことができたのだろう。

流れるプールもスリルマシンも年間パスも

藤田好三郎は、〝本業〟の樺太工業の経営が不況によって行き詰まり、としまえんも一九三二（昭和七）年には債権者の安田信託銀行の手に渡る。銀行としては、債権の担保なのだからとっとと売り払うか住宅地でも造成しようと考えた。しかし、藤田の想いを託されていたのか、それとも自らの目でとしまえんを見て感動したのか、担当した小川栄一は売却を良しとはしなかった。それどころか、もっと遊園地として発展させて、多くの人が遊べる施設にしようと目論んだ。

小川は一九三五（昭和十）年に日本企業株式会社を設立し、としまえんの経営を担う。安田信託銀行も一行員だった小川の取り組みを認めてくれたのだから、当時の銀行はだいぶおおらかだったようだ。

一九三六（昭和十一）にはリニューアルを行い、以後は豆汽車や飛行船などのアトラクションも充実させてゆく。化粧品メーカーとのタイアップイベントを行ったのも、この時代にしては珍しい。最初は藤田のいわば慈善事業のような形でスタートしたとしまえんも、小川の経営手腕で軌道に乗り、一九四〇（昭和十五）年頃には黒字に転じていた。
そして、一九四一（昭和十六）年、日本企業は武蔵野鉄道と合併。それから閉園まで、運営体制は何度か変わったものの、一貫してとしまえんは西武グループのレジャー施設として歴史を刻むことになる。

　戦後はアトラクションを中心にめざましい充実ぶりを見せてゆく。一九五一（昭和二十六）年には日本初のモノレール「空飛ぶ電車」が登場。一九五七（昭和三十二）年にオープンした「豊島園昆虫館」も日本初の本格的な昆虫館。一九六五（昭和四十）年に登場した「流れるプール」は日本どころか世界で初めてだった。メリーゴーラウンド「カルーセルエルドラド」は、一九七一（昭和四十六）年にとしまえんに移設されている。

　一九七七（昭和五十二）年には、遊園地では初めてとなる「年間パス」制度を導入した。年間会員制度「木馬の会」で、これも閉園まで続くとしまえんの定番のサービスになった。大型テーマパークを中心に定着している年間パス、そのはじまりはとしまえんだったのだ。なんでもかんでも、としまえんは「遊園地」

2019 年撮影の航空写真。中央がとしまえん

という世界において、一歩先を行くリーディングカンパニー。そういう存在だったのである。

一九七〇年代後半からは、コークスクリューやハイドロポリスといった、スリル性を高めたアトラクションが増えてゆき、スリルマシンブームに先鞭をつけたのもとしまえん。一九八三（昭和五十八）年には東京ディズニーランドが開園して、テーマパーク時代が幕を開けるが、それでもとしまえんの人気は衰えず。バブル景気の後押しもあって、一九九二（平成四）年度には年間入場者数三九一万人の最多記録を更新している。

非日常のとしまえん、静かな日常の住宅地

いまのとしまえんの周辺を歩こう。

豊島園駅の駅前広場から、東に小さな商店街を抜けて豊島園通りに出ると、大江戸線の出入口が見えてくる。商業エリアとして活気づいているのはこのあたりのごく狭い範囲に限られていて、ほとんどは住宅地だ。としまえんは、住宅地に囲まれた遊園地だったのである。

とりわけとしまえんの南側。この一帯は、としまえんのプールエリアに近いというのに、まったく園内の喧噪とはほど遠い、閑

駅前の商店街

静な住宅地である。それぞれの家には大きな庭が付属しているからか、緑も多く、夏場でも日陰が多くて歩いていて気持ちが良い。どの家も、なかなか長い歴史を持っていそうな立派な御邸宅ばかりだ。

としまえん南側の住宅地の歴史は、実はとしまえんよりも古い。としまえん開園に先立つ二年前、一九二四（大正十三）年に城南住宅組合が設立されたのがはじまりだ。当初の組合委員は十二名、七ヘクタール四十四区画。理想的な郊外生活を望む人々が、都心から少し離れたこの場所に理想郷を求めたのだとか。としまえん創業者の藤田好三郎が、まだこの地を別荘地にしていた頃のお話である。

ちなみに、「城南」という名称は、練馬城の南にあることからとったものだという。一般的に、東京における「城南」は、大田区や品川区、目黒区などを指すことが多い。このときの〝城〟は皇居だ。そんな潮流に抗って、練馬城の南で「城南」。このあたりからも、この地に理想の暮らしを求めた人たちの強い思いが伝わってくる。

設立から一〇〇年が経っても、形を多少変えながら、城南住宅は命脈を保ってきた。一九七〇年代には、昭和初期に鉄道大臣江木翼の邸宅だった土地を不動産会社が取得し、マンションを建設する動きがあった。しかし、住環境維持に尽力してきた城南住宅組合の人々は、マンション建設に強く反対。結局マンション建設は白紙に戻り、その予定地は練馬区立の向山庭園としていまは一般にも公開さ

石神井川ととしまえんに向かう橋

「城南」の住宅街

れている。

そんな静かな城南住宅の一帯を抜けて、としまえんのプールと住宅地を隔てていたフェンスの脇を歩いてゆくと、石神井川を渡る小さな橋へ。

石神井川は、小金井公園付近を源流として練馬・板橋区内を流れ、飛鳥山公園を過ぎたところで隅田川に合流する小さな川だ。としまえんは、この石神井川を中心に北と南に敷地を広げていた。いま、石神井公園北側は、早くも練馬城址公園として広々とした公園に生まれ変わっている。

としまえんが開園するよりも遥か前、この一帯には言葉通りに練馬城というお城があった。中世、豊島氏という一族の居城だったという。練馬城は太田道灌に攻められて一四四七（文安四）年に落城し、それきり歴史から姿を消している。武蔵野の雑木林、というのがそれから六〇〇年にわたる練馬城址の姿だった。それをとしまえんとして蘇らせたのが藤田好三郎、というわけだ。豊島区ではなく練馬区なのにとしまえん、の理由は、豊島氏にちなんだからなのだ。

そんな公園も、いまは住宅地に囲まれている。住宅地と公園の間を歩いて行くと、武蔵野の面影を感じる雑木林があって、その奥に見えるのがスタジオツアー東京だ。二〇二〇（令和二）年八月三十一日、コロナ禍の最中にとしまえんが閉園し、その跡地の一部に二〇二三（令和五）年六月十六日にスタジオツアー東京がオープン。隣接する練馬城址公園は、同年五月から一部が開園している。

城南の住宅地の中にある向山庭園

悲しくも、コロナ禍に消えた、としまえん

一九九〇年代後半から、日本各地の〝昔ながらの遊園地〟が次々に閉鎖に追い込まれた。バブル崩壊後の長引く不況で客足が遠のき、そこにディズニーランドやＵＳＪをはじめとする〝テーマパークの時代〟が襲いかかった。富士急ハイランドのようによほどのスリルに全振りするといった、唯一無二の個性がなければ生き残れない時代。そのように言われたりもした。としまえんと同じ西武グループの西武園ゆうえんちも、二〇二一（令和三）年にレトロテーマパークとしてリニューアルしている。

そうした文脈で、としまえんも経営難から閉鎖になったと思っている人がいるかもしれない。

しかし、実際はそうではない。むしろとしまえんは、他の遊園地と比べても堅調だったといっていい。一九九二（平成四）年のピークには遠く及ばなくても、毎年コンスタントにお客がやってくる。都心に近いという立地のおかげか、インパクトたっぷりの広告のおかげか、プールをはじめとする充実した施設のおかげか。それでも閉鎖されたのは、練馬城址公園の整備のためだ。

二〇一一（平成二十三）年の東日本大震災以降、東京でも避難場所や防災拠点として活用できる広大な公園を整備する動きが進んでゆく。そのひとつとして、

いまはハリー・ポッターの町

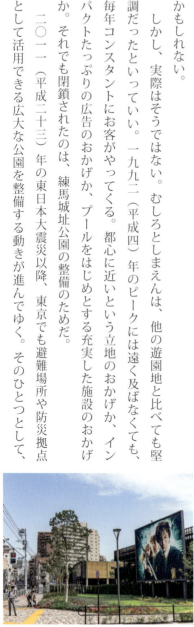

としまえんを防災公園化する計画が持ち上がる。すぐにはまとまらなかったが、ワーナー・ブラザーズがテーマパーク建設を提案したことから話が具体化。二〇二〇(令和二)年八月末でのとしまえん閉園と、その敷地の一部にテーマパーク(スタジオツアー東京)、残ったところに練馬城址公園という計画がまとまった。

だから、としまえんは決して〝斜陽〟だったわけではない。むしろ、まだまだ人気を集める中で、多くの人に惜しまれつつの閉園になった。防災公園の必要性は言うまでもないのだから、やむを得ないといったところだろう。

少なくとも、タワーマンションか大型ショッピングモールのような縁もゆかりもないものになったわけではないのだから、良しとしなければなるまい。唯一残念なのは、コロナ禍真っ只中での閉園になってしまい、入場制限のもとで最後の夏を過ごしたことか。思い出のプールを楽しめずに終わってしまったとしまえんファンがたくさんいたことは間違いないだろう。

としまえんの非日常性はスタジオツアー東京に受け継がれ、周囲の住宅地はいまも変わらぬままだ。そして、豊島園の駅に戻ってくる。この駅のホームに置かれている電話ボックスやベンチは、かつてとしまえんの園内で使われていたものだ。魔法列車も、豊島園の模型列車をリニューアルして再利用している。地元の人が駅にやってきて、このベンチに座って「あれ、としまえんのベンチじゃない？」と座り心地だけで気がつくこともあるという。それだけとしまえんが愛されていた証左だし、その愛されたとしまえんの痕跡は、いまも確実に受け継がれている。

地方競馬の希望の星はホリエモンか、
それとも……

高崎競馬場

時代の寵児・ホリエモンが現れた二〇〇四年

いまから二十年ほど前、二〇〇四（平成十六）年はどんな一年だったのか。どれくらいの人が覚えているだろうか。

時の内閣総理大臣は小泉純一郎。かの「郵政解散」は次の年、二〇〇五（平成十七）年のことだ。いまでは〝旧紙幣〟と呼ばれるようになってしまった、福澤諭吉・樋口一葉・野口英世の肖像画を使った紙幣が発行されたのもこの年。『冬のソナタ』の大ヒットで韓流ブームが巻き起こった。いちばん大きなできごとは、十月二十三日に起きた中越地震だろうか。死者は六十八名に及んでいる。

スポーツ界では明るい話題も多かった。イチローがメジャーリーグでシーズン最多安打の記録を更新したし、アテネオリンピックではメダルラッシュ。北島康介の「チョー気持ちいい」が流行語大賞を受賞している。

と、ざっと振り返ってみたところで、やはりスポーツ界、とりわけ野球というジャンルに限れば、この年いちばんの話題は「球界再編」だ。

六月十三日に近鉄とオリックスの合併計画が明らかになり、そこから波及して球団数削減やら一リーグ制移行やら、大騒動に発展した。ナベツネこと渡邉恒雄巨人軍オーナー（当時）が、「たかが選手が」と放言して批判を浴びたのもこの騒動の最中だし、アマ選手に裏金を渡していた一場《いちば》事件が発覚したのもそうだ(一場事件でナベツネさんはオーナー職を退いている)。

結局、古田敦也選手会長の奮闘と史上初のストライキもあって、一リーグ制に移行することはなかった。近鉄とオリックスは予定通り合併したものの、新球団・楽天が加わって二リーグ制が維持された。同時にセパ交流戦の導入が決まるなど、球界の構造改革も進み、いまに続いている。

この球界再編騒動の真っ只中に、突如として世に名を知らしめて時代の寵児《ちょうじ》になった男がいた。当時、ライブドア社長の堀江貴文、ホリエモンである。

ホリエモンは、近鉄球団を買収する用意があることをアピールし、ファンから喝采を浴びた。新規参入にも手を挙げている。結果としては楽天が新規参入球団に決まったのだが、少なくとも野球ファン、とりわけ近鉄ファンにとっては〝救世主〟だったことは間違いない。旧態依然とした組織に新風を吹き込み、改革してくれる――。そんな期待感が膨れ上がっていたことを覚えている。

そして、時代の寵児・ホリエモンが首を突っ込んだのは、野

1980 年の航空写真。左はＪＲ高崎駅。

球界だけではなかった。地方競馬の世界にも、ホリエモン旋風が巻き起こっていたのである。その震源地は、群馬県高崎市、高崎競馬場である。

いったいこの年の高崎で何が起きたのか。それを知る前に、まずは高崎に向かおう。

高崎という町は、中山道が通る古くからの交通の要衝であった。東西南北から物資の集まる経済都市で、明治に入って鉄道の時代になると、いち早く高崎線が開通している。次いで信越本線や上越線も開通し、高崎は信越方面と首都圏を連絡する主要路線が交差するターミナルになった。

一八七二（明治五）年には、近隣に富岡製糸場が開設されている。明治初期の日本にとって、数少ない外貨獲得手段であった生糸の生産地として、高崎をはじめとする両毛地域は日本の生命線でもあったのだ。

だから、というわけでもないだろうが、経済都市・高崎はいまも県庁所在地の前橋市を凌《しの》ぎ、群馬県内ではいちばん人口の多い都市だ。高崎競馬場は、そうした都市の一角にあった。

2020年の航空写真。高崎競馬場跡地の周囲はほぼ住宅街になっている

コンベンションセンターと傍らの場外馬券場

高崎の中心市街地は駅の西側、碓氷川《うすい》との間に広がっている。高崎競馬場があったのはその反対、高崎駅東口側だ。

東口の駅前には、ヤマダ電機の「ＬＡＢＩ１高崎」。実はヤマダ電機は群馬発祥で、本社も高崎駅前のこのビル内に置かれている。ヤマダ電機の前を抜け、駅前目抜き通りの上空にまで続くペデストリアンデッキを歩いてゆくと、今度はビックカメラが見えてくる。ビックカメラといったら池袋のイメージが強いが、これまた実は高崎が発祥の地なのである。

と、いきなりまったく競馬場とは無関係の家電量販店トリビアが続いたが、高崎競馬場の跡地はもう少し目抜き通りを東に進んだ先を右に折れたところにあった。ペデストリアンデッキが途切れる高崎芸術劇場の前から少し歩き、まったく新しく整備された大きな道を曲がれば、そこが高崎競馬場の跡地だ。

ただし、いまそこにあるのは競馬場とはまったく縁遠そうな立派な建物だ。Ｇメッセ群馬と名付けられたコンベンションセンターである。二〇二〇（令和二）年にオープンしたばかりの、比較的新しい施設だ。コロナ禍の最中にオープンし

ペデストリアンデッキ

ＪＲ高崎駅東口

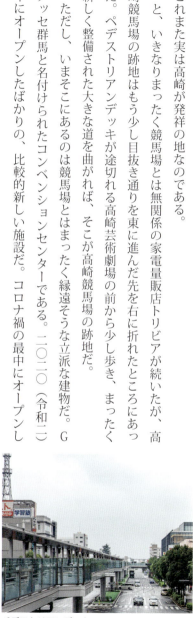

たということもあって、最初のビッグイベントは新型コロナワクチンの集団接種会場。東京オリンピックの聖火リレーセレブレーションも行われている。

Gメッセに、競馬場時代の面影はどれほど残っているのだろうか。

そもそも、Gメッセの外周を歩くと、これがまた存外に競馬場時代の痕跡があった。Gメッセ西側の外周が競馬場時代の三・四コーナーのそれとまったく同じ、そのままなのだ。外周はランニングコースのようになっているから、ぐるりと一周歩くことができる。東側は駐車場になっていて面影は乏しいが、西側は芝生まで整備されて歩きやすく、往年のままの三・四コーナーを感じることができる。

現役時代、高崎競馬場は一周一二〇〇メートルの右回り。直線コースは三〇〇メートルという、地方競馬場にしては標準的だが、JRAの競馬場比べるとだいぶ小さい。Gメッセ群馬は、そんな競馬場の跡地にすっぽりと収まるように建てられたということになる。

外周を歩いて馬の気分になって、ちょっと走ってみたりして。といっても、目の前にあるのは巨大で真新しい、地方競馬の持っていたであろう殺伐感とは似ても似つかぬGメッセ。形ばかりは残っていても記念碑のひとつもあるわけでなし、雰囲気という意味では痕跡は消え失せた、というのが正しいところだろうか。

競馬場のコーナーを利用した遊歩道

Gメッセ群馬

それでも、Ｇメッセのエントランスの傍らに、ちゃんとありました。ＢＡＯＯ高崎という、場外馬券売り場。ＪＲＡの馬券も売っているが、どちらかというと地方競馬の馬券が中心だ。いまどきネットで馬券を買う人がほとんどだろうから、わざわざＢＡＯＯ高崎に足を運ぶ人は少数派に違いない。ネット環境にない人か不慣れな人か。いずれにしても、現役時代の高崎競馬場にも通っていたような人たちが、ＢＡＯＯ高崎にやってくる。

現に、ＢＡＯＯ高崎はＧメッセの清新な雰囲気とは裏腹というか、バランスが悪いというか。もともとは競馬場が先にあったのだから、ＢＡＯＯ高崎の雰囲気のほうが本来のそれ。けれど、Ｇメッセができたいまとなっては、ＢＡＯＯ高崎のほうが異物感が強い。知らずにここに来た人は、ＢＡＯＯ高崎を見て、「なんだこれ」と顔をしかめるかもしれない。

そういう理由からなのだろうか。ＢＡＯＯ高崎は高いフェンスで覆われていて、Ｇメッセ側とは明らかにはっきりと隔てられている。隔離されているといったほうがいいくらいだ。おかげで、入口がどこなのかもよくわからない。建物の裏手から、フェンスのスキマを縫って入り込むのが正解らしい。

このあたり、いかにもお役所のやりそうなことだなあと思わなくもない。もちろん、競馬場という施設があまり地域に歓迎されない側面があることは事実だ。そして付け加えれば、高崎競馬場のような公営競技が、地方都市を戦災から復興させる原動力になったこともまた、紛れもない事実である。

ＢＡＯＯ高崎

群馬県民は古代からの生粋の〝馬好き〟？

群馬県、すなわち上州は、古くからの馬産地だった。平安時代から山間部に「九牧《きゅうぼく》」と呼ばれる牧場が開かれ、毎年五十頭以上の馬が朝廷に献上されていたという。関東平野から山を越えて信州はたまた越州へ通じる要衝だから、古の交通の担い手だった馬の生産を盛んにしたのだろうか。ちなみに、「群馬」の由来もこの地域に馬が多かった（群れていた）からだとか。

そうしたわけで、近代競馬が全国に波及すると、この地域に競馬場が設けられるのも必然だ。『地方競馬史 第二巻』には、「上州人は多くの人が馬好きであって、これが競馬好きにつながり、現在では射幸心の強さが県民性の一つに数えられるほどになっている」などと書かれている。射幸心の強さが県民性、などと言われても県民の皆様は嬉しくもなんともないだろうが、少なくとも馬との縁が深い地域であることだけは間違いない。

そんな背景をもって、高崎競馬場は一九二四（大正十三）年に開設された。同年十月に第一回の競馬を開催し、翌年から春・秋の二回開催が続く。馬好きの県民性のおかげかどうか、すぐに人気を確かなものにしている。戦前のピークは昭和初期。一九三五（昭和十）年春開催の有料入場者数は五万六一八七人に及んでいる。

戦時中の休止を経て、戦後は県営競馬として再開する。同じ群馬県に戦前からあった館林・伊勢崎の競馬場が廃止されたこともあって、群馬県内唯一の競馬場としてますます人気を集めた高崎競馬場。一九四八（昭和二十三）年以降、前橋市や伊勢崎市、太田市なども主催者に加わっている。

競馬が再開してからまもない一九四七（昭和二十二）年、高崎競馬場を舞台に「シンシン事件」というトラブルが起こっている。顛末をかいつまめば、八百長の指示に従わなかった騎手と馬・シンシンを暴徒が日本刀で斬りつけたという事件だ。

もともと世情が不安定な終戦直後。人手不足もあって、高崎競馬の警備には地元のヤクザもかり出されたという。そんなことがまかり通っている時点で公正競馬など怪しいものだが、時代が時代だから仕方がない。

八百長を企んでいたのは東京のヤクザで、地元・高崎のヤクザにしてみればヨソ者に八百長をやられては顔が立たない。競馬場には東京のヤクザと高崎のヤクザが集結し、不穏な空気を醸していたという。そんな状態で競馬を開催するほうも問題なのだが、それもまた時代のなせる業。終戦直後、まだまだ世情が不安定だった頃の一幕である。

ともあれ、機業（織物業）という一大産業があったことも後押ししたのだろう。高崎競馬場は繁栄を謳歌する。同じ北関東にあった宇都宮・足利の競馬場ともに北関東三競馬場として連携し、人気を高めていった。

他にも両毛地域には、前橋競輪・桐生競艇・伊勢崎オートと公営ギャンブル場が目白押し。いわゆる〝三競オート〟揃い踏みであり、「射幸心の強い県民性」もあながち間違いではないのかもしれない。

一九八〇年代末には、高崎と同じ地方競馬の笠松競馬から、日本を代表するアイドルホースへと上り詰めたオグリキャップが現れる。競馬人気の高まりは地方競馬にも波及し、一九九五（平成七）年には地方競馬と中央競馬の交流が本格化。高崎競馬場では、群馬記念が交流重賞に指定された。

高崎競馬が生んだスターホースといえば、タマルファイターだ。一九九七（平成九）年に高崎でデビューして二連勝。三戦目は中央競馬のダリア賞に挑戦して見事勝利を飾る。続くＪＲＡ重賞の新潟三歳ステークスでは二着に入り、以後長きにわたって中央・高崎を行き来しながら活躍した。生涯獲得賞金は一億円超え。高崎競馬場ではじめての一億円ホースだった。

しかし、タマルファイターの躍進とは裏腹に、この頃にはすでに高崎競馬は斜陽の時代に入っていた。

高崎競馬の入場者数のピークは一九七五（昭和五十）年の約七〇万三〇〇〇人。売り上げはバブル絶頂期には一年で二四五億円ほどに達していたが、バブル崩壊とその後の長引く不況は地方競馬に大きな打撃を与えた。二〇〇三（平成十五）年の売り上げは約五〇億円。バブルのピークから、なんと五分の一にまで激減していた。交流競走・群馬記念もたいしたプラスにはならず、タマルファイターの活躍も競馬場そのものの売り上げ回復にはつながらなかった。

その頃は、全国の地方競馬、そして中央競馬まで、また三競オートを含めて公営ギャンブル自体の売り上げが低迷していた。高崎競馬だけがいくら努力をしたところで、どうにもならない時代の趨勢だったのだろう。

そうして、二〇〇四（平成十六）年九月二十八日、この年限りでの高崎競馬の廃止が決定する。

メールを出したらホリエモンが高崎にやってきた！

数字を見れば、廃止されるのも仕方がない。累積赤字は六〇億円超。それでいて、競馬場とはギャンブラーの集う、つまり教育にはあまりよろしからぬ迷惑施設だ。地域財政に貢献しているなら目をつぶれるが、それが赤字たれ流しで税金から補填しているとなったら、廃止論に抗う余地はほとんど残っていない。

ところが、廃止が決定してからほどなく、思わぬところから風が吹く。ホリエモン、堀江貴文ライブドア社長（当時）の登場である。

当時、球界再編騒動で注目を浴びていたホリエモンを見て、高崎競馬場の厩舎関係者の家族がダメ元でライブドア社にメールを送ったのがはじまりだった。そのメールが目に留まり、高崎競馬の厩舎関係者が上京して事情を説明。それを受け、ホリエモンは高崎競馬に参画する意思を明らかにしたのだ。狙っていた球界参入は楽天にかっさわられて実現しなかったが、ホリエモンは続けて地方競馬に目をつけたのである。球界再編と同じく、地方競馬にとっても〝救世主〟の出現だった。

なぜ、ホリエモンは地方競馬への参入を狙ったのか。本心はわからないが、少なくともきっかけになりうるできごとがあった。二〇〇四（平成十六）年、競馬法が改正されたのだ。

もともとの競馬法では、馬券の発売をはじめとする競馬開催業務を民間に委託することはできなかった。それがこの年の競馬法改正で可能になった。施行は二〇〇五（平成十七）年一月一日。ホリエモンの地方競馬改革のプランは、まさに改正競馬法を踏まえたものだった。

具体的には、インターネットを通じた馬券発売の強化を柱とし、ネットで競馬新聞やレース映像を配信することなどを合わせて売り上げを伸ばす、というもの。ホリエモンは「一年目から黒字にできる」と豪語していた。

二〇〇四（平成十六）年十一月十日、ホリエモンが群馬にやってきた。前橋市内の群馬県庁に到着すると、調教師たちは堀江コールで出迎える。一万筆を超える高崎競馬存続を求める署名を託され、ホリエモンは小寺弘之群馬県知事（当時）との会談に臨む。三〇分の予定だったが、白熱した議論は一時間五〇分に及んだ。

知事との会談を終えたホリエモン、かつて馬主としても馬を預けていたという高崎競馬場に足を運ぶ。「昔よりはぜんぜん良くなっている」と話し、競馬参入にも自信を見せていた。

振り返れば、このときが高崎競馬存続の期待がいちばん膨らんだ瞬間なのかもしれない。会談後、小寺知事は「情熱は感じた。けれどウルトラCがあるわけではない」と、二時間近い会談がウソのようなつれないコメントを残している。

いったん県として決定した競馬廃止を覆すのには、相当なパワーと説得力が必要だ。結果だけ見れば、ホリエモンの提案にはそれほどのパワーも説得力もなかったのだろう。最終的には、堀江社長の見通しの甘さが指摘され、高崎競馬場の廃止が撤回されることはなかった。

高崎競馬が消えて、いまは地方競馬もV字回復

二〇〇四（平成十六）年十二月三十一日。高崎競馬最後の日は、涙雨ならぬ大雪だった。メインレースには高崎大賞典が予定されていたが、強まる雪の影響で、八レースで打ち切りに。高崎大賞典が行われることもなく、雪の大みそかに高崎競馬は八〇年の歴史に幕を下ろしたのである。

高崎競馬の廃止に前後して、二〇〇三（平成十五）年には足利競馬場、二〇〇五（平成十七）年には宇都宮競馬場が廃止され、わずか三年のうちに北関東から競馬場の火が消えた。

そして、救世主かと思われたホリエモン。球界参入も競馬参入も叶わず、二〇〇五（平成十七）年にニッポン放送買収騒動や郵政選挙への立候補など相も変わらぬ時代の寵児ぶりを見せるが、二〇〇六（平成十八）年に証券取引法違反の容疑で逮捕される。結果だけを見れば、ブームに浮かされて高崎競馬の未来をホリエモンに託していたら、どうなっていたのだろうか。

しかし、一方ではホリエモンによって撒かれたタネは、確実に花を開いた。奇しくもいずれも二〇〇五（平成十七）年から球界に参入した楽天やソフトバンクによって、ネットを通じた馬券発売のサービスが整えられる。競馬法の改正を受けたもので、地方競馬復権への最後の切り札だった。さらに、各地でナイター

高崎競馬場、最後の日のレース

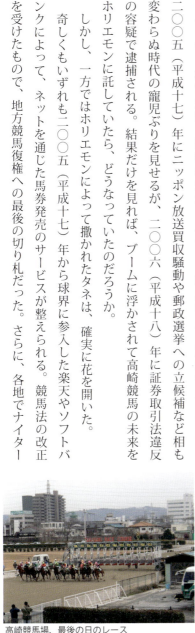

競馬がはじまるようになり、少しずつ地方競馬の売り上げも回復してゆく。

　高崎競馬場の跡地にGメッセが生まれた二〇二〇（令和二）年にやってきたコロナ禍は、ネット投票システムが整っていたこともあって、地方競馬をはじめとする公営ギャンブルには追い風になった。二〇二二（令和四）年度には、地方競馬ははじめて年間の売得金が一兆円を超えている。ネット投票の定着とコロナ禍と、ウマ娘。

　だが、そのタネを蒔いたのは、改正競馬法施行を目前にして姿を消した高崎競馬場と、その廃止の過程で注目を集めたホリエモンの存在といっていい。

　もしも、あと数年だけ高崎競馬が存続していたら。いまさらそんなことを言ってもはじまらないが、タイミングの悪さを嘆きたくもなるだろう。

　高崎競馬場跡の外周を歩いていたら、かつての向正面に沿った道路に「競馬場通り」という表示を見つけた。BAOO高崎が高いフェンスで隔てられているのとは裏腹に、競馬場の存在ばかりは道路の名前として、高崎の町中にいまも残り続けているのだ。

競馬場通り

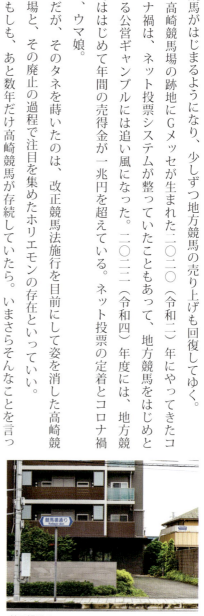

平和都市のシンボルは、
原爆ドームと市民球場

広島市民球場

唯一無二、広島だけの特別な市民球場

市民球場。この言葉を額面通りに受け取るならば、市民のための野球場、ということになる。市営球場と言い換えてもいい。その場合は、市民のためということと同時に、基礎自治体である市が所有し、運営している野球場であるという意味合いが強くなる。いずれにしても、市民球場、市営球場は日本中いたるところに存在している。無数の市民球場があることが、日本を野球大国たらしめたといっていい。規模は小さくたって立派な野球場。それが、草の根から野球を支えているのだ。

で、そんな市民球場・市営球場は、だいたい高校野球を中心としたアマチュア野球、また草野球で使用されることもある。市営、つまり公営だから、使用料が安く抑えられている。気軽に本格的な野球場で試合ができるというのは、草野球のプレイヤーにとってもこれほどありがたいことはない。

もちろん、グラウンドの質から設備まで、プロ野球の、つまり最高峰の野球場と比べれば何もかもが違っている。けれど、一般市民にとっては実に身近で、そして多くのスター選手たちにとっても、高校時代などに通ってきた通過点。多くの市民球場というのは、だいたいそういう位置づけである。

ところが、である。そんな無数のごく一般的な市民球場の中にあって、広島市民球場だけは明らかに異質なのだ。

広島市民球場の持つ、単なる市民球場であるという現実を超越した圧倒的な存在感。それは、ただ広

島カープの本拠地だったから、などという言葉だけで片付けられるようなものではない。広島市民にとって、広島市民球場はただの野球場、市民球場とはまったくかけ離れた存在になっている。広島市民球場は、カープと並ぶ、広島市民の誇りそのものなのである。

いま、広島カープの本拠地球場は、かつての広島市民球場ではなく、MAZDA Zoom-Zoom スタジアム広島（以下マツダスタジアム）である。

マツダスタジアムは、二〇〇九（平成二十一）年に開場すると、同時にカープの新本拠地となった。マツダスタジアムという名称はマツダが命名権を取得したためで、正式名称は広島市民球場だ。つまり、いまもカープの本拠地は市民球場なのである。

ただし大きな違いもある。旧市民球場は管理や運営も広島市が担っていた完全無欠の市民球場だった。対してマツダスタジアムは指定管理者制度を導入しており、管理者は広島カープ。いまでも高校野球などで使われることはあるにしても、基本的にはカープの専用スタジアムといっていい。

このマツダスタジアムという野球場、まことに素晴らしい野球場

2009年オープンのマツダスタジアム。正式名称は広島市民球場

である。ここ数年、年に何度か阪神タイガース戦の観戦でマツダスタジアムに足を運ぶが、タイガースファンの筆者をもってしても、マツダスタジアムばかりは何回来ても感嘆してしまう。

外野だけでなく内野も青々とした芝生に覆われていることもそうだし、ファウルグラウンドが狭くて観客席からの距離が近くて間近で迫力あるプレイが見られるのもそうだ。ちなみに、我らが阪神甲子園球場は、ファウルグラウンドの広さが特徴のひとつ。だから、グラウンドとの物理的な距離感という点では、マツダスタジアムにはまったく敵わない（心の距離、という点では負けていないということも強調しておきたい）。

また、タイガース戦では、ほかのどの球場でもだいたい半数近くは黄色く染まるもの。それが、マツダスタジアムばかりは見渡す限り真っ赤っかなのだ。ビジターのパフォーマンス席が三塁側内野席の上層、まるで隔離されているような場所にあるのも関係しているだろうが、とにかく圧倒的にカープファンばかりが集まっている（もうひとつ強がりを披露すれば、二〇二三年のリーグ優勝決定前後はさすがにタイガースファン

2023 年の航空写真、左上が JR 広島駅。右下にマツダスタジアム

の比率もだいぶ高まっていた）。

スタジアムへの動線もまた、実によくできている。マツダスタジアムは広島駅の東側、線路沿いを歩いてだいたい十五分ほどの場所にある。その道すがらが、これから待ち受ける野球観戦への期待感を高めてくれるのだ。はじめはまだまだ駅前の一角といった雰囲気なのに、少しずつカープムードが高まってくるといった按配である。

歩いている人はみなカープのユニフォーム姿。線路を跨ぐ陸橋のたもとにはローソンがあるのだが、これが通常のブルーではなく赤い帯の看板になっている。そして、その先にあるビジネスホテル・東横インだって、いつもはブルーのネオンなのに赤ネオン。カープ、カープ、そしてまたカープ。そういう世界に誘われていることは、いくらタイガースファンでも感じずにはいられない。広島駅からほんの十五分。その間に、ちょうどよく期待感が膨らんだところでスタジアムのエントランスが出迎える。こうした駅からの道のりを含め、マツダスタジアムは素晴らしい野球場なのだ。

1981年の航空写真。原爆ドーム・平和公園のすぐそばにあった

旧市民球場の跡地はいまどうなっている？

マツダスタジアムは、新幹線の車窓からも見える線路沿いに建つ。もともとは貨物専用の東広島駅があった一角だ。古い航空写真を見てみると、一九七〇年頃までちょうどスタジアムの本塁付近には蒸気機関車の扇形車庫があったことが確認できる。

広島駅から見てスタジアムの手前あたりからは、かつて宇品《うじな》線という港に向かう小路線が分かれていた。宇品線は山陽鉄道（現在の山陽本線）が広島駅まで達するのとほぼ同時に、広島港と広島駅を連絡するべく、軍部の要請で建設された路線だ。

一八九四（明治二十七）年の開業以降、日清・日露戦争はもとより太平洋戦争にいたるまで、軍需物資や兵員の輸送を担った。戦前期の〝軍都〟としての広島を象徴する鉄道路線といっていい。日露戦争では第三軍司令官として旅順包囲戦などを指揮した乃木希典《まれすけ》大将も、宇品の港から大陸に渡っている。いまも宇品線終点の宇品駅付近には、軍港の面影が残る。ただし、軍事的な役割を失った戦後はローカル線の趣が強くなり、一九八六（昭和六十一）年限りで廃止されている。

宇品線が消え、一九九五（平成七）年には東広島駅も廃止され、貨物駅は隣接地の広島貨物ターミナルに役割を移す。国鉄清算事業団の所有になっていた東広島駅跡地は、一九九八（平成十）年に広島市（広島市土地開発公社）が購入。駅に近い遊休地に新広島市民球場の建設地として白羽の矢が立って、マツダスタジアムが誕生したというわけだ。

では、マツダスタジアムと入れ替わるようにして役割を終えた旧広島市民球場はどうなっているのだろうか。

マツダスタジアムができてから、カープはもうすでに十五シーズンを戦った。その間、二〇一六（平成二十八）〜二〇一八（平成三十）年にかけては三連覇。すっかり赤ヘル軍団の聖地として定着した。それと引き換えに、旧市民球場では一度も観戦したことがないというカープファンも増えているに違いない。けれど、そんな彼らだって、旧市民球場がどこにあったのかはわかっているはずだ。

旧広島市民球場があったのは、広島駅からはやや離れた中心市街地のど真ん中だ。広島駅から広電の路面電車に乗って、原爆ドーム前の停留場で降りれば、その名の通り原爆ドームと向き合うようにして、市民球場が建っていた。

すぐ東には紙屋町の交差点。古くからの広島の中心地で、交差点から少し南に進んだところには市街地を東西に貫く長い長いアーケードの商店街。そのアーケードを東に抜ければ、歓楽街・流川《ながれかわ》にも通じている。一二〇万都市・広島の中心らしく、人通りもクルマ通りも、まさに大都市の中心にふさわしい。

西側を見れば、すぐに太田川を渡る相生《あいおい》橋があって、その橋の上から南を見れば、原爆ドームと平和記念公園が一望できる。修学旅行生を乗せたバスなどは、

紙屋町の交差点

広島の街には今も市電が走る

相生橋の真ん中から次々に平和記念公園の中に入ってゆく。外国人観光客の姿も目立つ。被爆都市、そして平和都市としての広島を象徴する一角だ。

旧市民球場の北側には、広島グリーンアリーナ（県立総合体育館）や二〇二四（令和六）年に完成したばかりのサッカー専用競技場・エディオンピースウイング広島がある。その東側は、日清戦争で大本営が置かれた旧広島城だ。

こうした周辺の町を見れば、誰もがわかるはずだ。旧広島市民球場は、広島の過去と現在、背負ってきた歴史のすべてを象徴するような場所にあったということが。

いまの市民球場跡地は、すっかりそのまま広場として整備されている。二〇二三（令和五）年にオープンした、その名も「ひろしまゲートパーク」。二〇二一（令和三）年の東京オリンピック以来、急にメジャースポーツと化しつつあるスケボーが楽しめるエリア。はたまた飲食店などが入った商業エリアのシミント。中央部はさまざまなイベントも開催できるという広場になっていて、これらを総じてひろしまゲートパークと呼ぶらしい。

球場解体後も残っていたライトスタンドの一部は、二〇二二（令和四）年に取り壊されてしまった。旧市民球場で最後のイベントが行われたのは、カープがマツダスタジアムに移転した翌年、二〇一〇（平成二十二）年八月三十一日。カー

ゲートパークの一角

広島城からエディオンピースウイング広島を望む

プのOBと地元大学生の交流試合が行われたという。それから十四年が経って、カープは三回優勝した。旧市民球場も、新たな歴史を刻みはじめている、ということなのだろうか。

カープ創設時はまだなかった市民球場

広島市民球場について、プロ野球のOB選手たちはなかなか辛辣《しんらつ》なことばかりを言っている。たとえば、ロッカーが狭い、汚い、何よりエアコンがなくて夏場が地獄。なんでも、ヤクルトの選手たちがお金を出し合ってビジター用ロッカーに大型扇風機を寄贈したらしい。

この程度ならば笑い話にもなるところだが、末期には老朽化もあってスコアボードに点灯しない放電管が目立ちはじめ、プラスチック製の座席はたび重なる使用に耐えきれず破損するのも珍しくないというありさまだったという。昔ながらの昭和の野球場が、絵に描いたように老朽化。それが新球場建設の決め手になったのだが、それでも最後の最後まで、旧市民球場の存続を願う市民の声は止まなかった。

いったいなぜ、旧市民球場は広島市民にとって特別な球場になったのだろうか。まずは、広島カープが誕生した一九四九（昭和二十四）年まで、時計の針を巻き戻してみたい。

カープが誕生した当時、まだ市民球場は存在しなかった。彼らが最初に本拠地球場として使ったのは広島総合球場であった。その場所は、市街地からはもっと離れた太田川放水路沿いの埋立地。太平洋戦争開戦前日、一九四一（昭和十六）年十二月七日に完成していた野球場だ。

広島総合球場建設のきっかけは、一九三八（昭和十三）年に当時の厚生省が国民の体力向上を目的として全国一〇カ所の総合運動場建設を計画したことにある。広島総合球場もそのひとつで、国庫の補助を得て中学生を含む市民約十八万人の勤労奉仕によって建てられた。

ただ、完成直後に太平洋戦争がはじまったこともあって、野球場としてはなかなか活躍の機会を得られないまま、一九四三（昭和十八）年には軍が接収。高射砲陣地にあてられていた。

そんな歴史のあった総合球場だが、収容人員一万五〇〇〇人というのは当時にしてはなかなか立派。そこで、新生・カープの本拠地になったというわけだ。

一九五四（昭和二十九）年には、ジョー・ディマジオがマリリン・モンローとの新婚旅行で来日した際に総合球場に足を運び、カープナインに打撃指導を行った、などというエピソードも残っている。この新婚旅行では、日本人の多くがディマジオではなく、マリリン・モンローに熱狂したという。それは広島でも同じで、そんな〝格差〟が二人の離婚の遠因になったという説もあるらしい。古今東西、夫婦というのは難しいものなのだ。

それはともかく、収容一万五〇〇〇人の立派な球場を本拠地としてスタートしたカープだったが、ほどなく球場への不満が高まってくる。

不満のひとつは、交通の便の悪さだ。球場近くには広電の路面電車も通っておらず、多くの観客を集めるには不都合だった。もうひとつは、ナイター設備を持たないこと。一九五〇年前後、プロ野球の本拠地球場の多くにナイター設備が完備されていった。しかし、それを持たないカープは平日だろうが真夏だろうが、デーゲームを強いられる。

交通の便が悪く、それでいて平日もデーゲームとなれば、客入りが振るわないのもとうぜんのなりゆき。そういうわけで、一九五二（昭和二十七）年頃には、市民の間でもナイター設備を持つ新球場の建設を求める声が上がっていた。

カープの大スポンサーで、のちにオーナーに就任する東洋工業（現・マツダ）の松田恒次社長もナイター球場の必要性を語るなど、新球場建設を求める声は年々高まってゆく。そもそもが、樽募金※までして市民ひとりひとりの力で立ち上がった広島カープ。原爆投下の惨禍からの復興を目指して立ち上がった町のシンボルが、ナイターもできない苦境にあっていいのか、という市民の声もごもっとも。

そういうわけで、広島市も新球場の建設に向けて動き出すことになる。

しかし、球場建設まではスムーズにはいかなかった。特に建設地を巡って議論が二転三転、市や県どころか、広島選出の国会議員まで巻き込む大騒動に発展している。

建設予定地を巡って二転三転

最初の建設候補地は、実際の市民球場よりも北、広島城の西側の基町一帯だった。しかし、この場所には戦災で家を失った人たちのための公営住宅（十軒長屋）が建てられており、それでも追いつかずにバラック建ての住居を勝手に建てて暮らす人々で溢れるような状況だった。いわゆる〝原爆スラム〟が

※樽募金…一九五一（昭和二十六）年、当時広島カープの本拠地であった広島総合球場の入り口に酒樽を置き、募金によって約四百万円を集め、経営難の球団に寄付した。

形成されていたのだ。

そんなところに球場を作る。そうなれば、暮らしている人たちは立ち退きを求められる。それはまかりならんと反対運動がはじまった。球場は必要だけど、原爆で家を失った人たちを追い出してまで建てるものではない。その理屈はまさにその通りであって、以後新球場賛成派と反対派が激しく対立する状況が生まれてしまう。

結局、基町案は断念に追い込まれ、その後も旧陸軍練兵場だったエリアを中心にいくつかの議論が展開。最後は中央政界にも調整を頼んでようやく決着を見る。結論を得たのは、球場建設の声が高まりだしてから五年が過ぎた、一九五七（昭和三十二）年二月のことであった。

市民球場の建設予定地は、戦前には西練兵場と呼ばれた陸軍の練兵場があり、さらに一角には広島護国神社が鎮座していた地。すぐ向かいには原爆ドームもあり、復興のシンボルとしてふさわしいという声もあった。うまく護国神社の移転（広島城内）が合意できたことも助けになった。そうして建設地が決まってからは突貫工事。わずか五か月の工事によって一九五七（昭和三十二）年七月二十二日に市民球場は完成した。

当時の市民球場の収容人員は一万七四四二人（のちに二階スタンドの増設などで三万一九八四人まで増えている）。中堅一二五・八メートル、両翼九〇・四メートルで、何よりのウリは白熱灯と水銀灯を併用したカクテル光線の照明灯。明るさは日本一とも言われ、文字通りの〝ナイター球場〟だった。

市民球場で最初の公式戦は、同年七月二十四日の阪神戦だ。一万七四四二人の定員のところ、詰めかけたファンは二万五〇〇〇人。カープはエースの長谷川良平を先発させたものの、一対一五で大敗を喫している。低迷が続く、弱小カープの時代であった。

市民球場が単にカープの本拠地という以上の意味を持っていたことを示すエピソードがある。一九五七（昭和三十二）年の夏の甲子園を広島商業が制したことを受け、十一月に広商と広陵の記念試合が市民球場で行われたのだ。ライバル関係にあった広商と広陵は、早稲田と慶應に倣って、練習試合を一度もしたことがなかったという。それがはじめて公式戦以外で対峙したのが市民球場だった。

ともあれ、まだまだ周囲にはバラック建ての〝原爆スラム〟が残っていた中に生まれた市民球場は、まさしく新しい時代への希望の灯だったのである。

赤ヘル軍団の次の日は、草野球でおじさんが

市街地の中心に本拠地を持ったことで、カープの経営も安定、徐々に戦力を整えてゆく。

初優勝は、市民球場完成から十八年後の一九七五（昭和五十）年。以後、赤ヘル軍団は黄金時代を迎え、一九七九（昭和五十四）・一九八〇（昭和五十五）年には二年連続で日本一に輝いた。主力はミスター赤ヘル・山本浩二や鉄人・衣笠祥雄《きぬがささちお》。村上龍の『走れ！タカハシ』のモデルにもなった高橋慶彦《よしひこ》は不動のリードオフマンだった。結局、カープは旧市民球場で六度のリーグ優勝を経験している。

こうした赤ヘル軍団の躍動と同時に、市民球場は市民球場らしく、高校野球でも県大会の主要会場と

して使われていて、草野球に貸し出される機会も多かった。カープといえども年間で使用できる日数に制限があったというから、そこはやはり市民球場なのだ。

鉄人・衣笠祥雄は、『野球の神様がいた球場』（二〇〇八年）の中で、次のように振り返っている。

「草野球を広島市民球場で興じる人が少なくない。中にはスパイクを履かずに普通のスニーカーでプレーする人もいる。そうすると、グラウンドのあちこちで、硬さにムラが出てくるようになる。当然ながら、それは日によっても違うことになる」

つまり、グラウンド状態にムラがあって、バウンド処理が大変だったというわけだ。それが結果的に一塁守備の名手・衣笠を育てたし、カープの内野手が名手揃いだった理由でもある。それにしたって、昨日は衣笠や山本浩二が試合をしていた市民球場で、次の日は草野球とはなかなかだ。カープと市民の距離の近さは、こうしたところからも育まれたのだろうか。

基本的に広島市民球場はプロ・アマ問わず野球限定の野球場だった。他の多くの野球場のように、音楽イベントなどが行われたことはほとんどない。初めての市民球場でのライブは球場末期、移転が現実的になりつつあった二〇〇四（平成十六）年十月三十日。広島出身の奥田民生のライブだった。

その頃には、前にも書いたとおり、だいぶ球場の老朽化も目立つようになっていた。マツダスタジアムの建設にあたっても、反対意見もあってすんなりとはいかなかったようだ（ドーム球場建設案などもあった）。同じ場所で建て替えるという案もあったり、移転決定後もシンボルとして市民球場保存を求める意見もあった。

しかし、結局旧市民球場は二〇〇九（平成二十一）年のオープン戦を最後にカープの本拠地としての役割を終え、翌年まで高校野球などで使われたものの、二〇一〇（平成二十二）年八月を最後に閉鎖された。同年秋からさっそく解体がはじまっている。

解体後、跡地の利用についてもまた、議論が紛糾している。サッカー専用スタジアム建設地の候補になったこともある。ただ、原爆ドームが世界遺産に登録されており、隣接する市民球場跡地に大型の施設を建設することは難しくなっていた。そうしたこともあって、しばらくはイベント広場として使われた。二〇一六（平成二十八）年にアメリカのオバマ大統領が「来広」した際は、出迎えた安倍晋三首相がヘリで市民球場跡地に降り立っている。

そして、最終的にはオープンエリアとして整備されることになり、二〇二三（令和五）年にひろしまゲートパークの完成となったのである。

通りを渡った向こうには原爆ドームが見える、広島市街地のど真ん中にあった旧市民球場。その跡地は、多くの市民や観光客が行き交う憩いの場に生まれ変わった。原爆ドームや平和記念公園はもとより、中心繁華街などとも調和の取れた空間といっていい。球場ができた頃に並んでいたバラック建ての原爆スラムはとうに姿を消し、球場北側一帯も公園として整備されている。Jリーグ・サンフレッチェ

エディオンピースウィング

ひろしまゲートパークの商業エリア

広島のホームスタジアムとして、エディオンピースウイングもできた。その北の太田川沿いには、かつての十軒長屋にはじまる基町高層アパートがいまも並んでいる。

そして、カープの熱狂は広島駅にほど近いマツダスタジアムに舞台を移した。

マツダスタジアムで見る、カープファンと赤ヘル軍団の熱さは、市民球場の時代といささかも変わらない。戦後、復興へのシンボルとして町の真ん中に現れた市民球場。その心意気は、いまも形を変えながら、確実に受け継がれているのである。

東京スタジアム

南千住の住宅地、そこに浮いた光の球場

貨物駅に紡績工場……昭和の下町・南千住

東京都荒川区南千住――。

隅田川を挟んで北には城東のマンモスターミナル・北千住と向き合う南千住は、規模こそ小さいものの立派な交通の要衝だ。乗り入れている路線はＪＲ常磐線と東京メトロ日比谷線、そしてつくばエクスプレス。いずれも北千住駅にも同じように乗り入れているから、南千住駅を乗り換えで使うというイメージはないのかもしれないが、規模が小さいぶんだけホームからホームへの移動は楽ちんだ。

三路線が交わるだけあって、駅前も北千住には負けるがそれなりに活気づいている。ＪＲ常磐線のホームに近い西口はこじんまりとした駅前広場を囲むように商業施設や飲食店。公共施設からマンションまでが入っている大きなビルも建ち聳《そび》えている。

マクドナルドやスーパーマーケットを間に挟んで東側には地下鉄日比谷線の高架のホーム。こちらも駅前広場はこじんまり。「ドナウ広場」などという洒落込んだ名前がつけられていて、そこから北に延びる大通りの名も「ドナウ通り」という。

いったいなんで南千住にドナウなのかと思って調べてみたら、荒川区とオース

隅田川貨物駅

トリアのウィーン市ドナウシュタット区が友好提携を結んでいて、その交流を記念して命名されたのだとか。お相手のウィーンにも「東京通り」「荒川通り」があるらしい。オーストリアを旅行していて「荒川通り」なんてものを見つけたら、びっくりしてしまうに違いない。

ドナウ通りを進んでゆくと、道沿いには大きな商業施設が立て続けに並んでいる。でっかいホームセンターにＬａＬａテラス。人通りも絶えず、クルマでこれらの商業施設を訪れる人も多そうだ。休日にでもなれば、さぞかし賑わうことだろう。

そして、そんな商業施設ゾーンの奥には天高く伸びゆくタワーマンション群が見える。南千住の町は、いまや北千住に勝るとも劣らない、そういう町になっている。

しかし、こうした南千住の町の姿は、極端な表現をするならば、かりそめといっていい。

本来の、などというと語弊がありそうなので言い換えると、〝ひと昔前〟の南千住とは、いまよりはるかに下町の工業地帯らしい町だった。もっと武骨で、言うなれば殺伐とした空気感。かつての南千住を地理に不案内な若い女性が夜更けにひとりで歩くというのは、あまり推奨されていなかったのではないか。

南千住駅前

ドナウ通りの先にタワーマンション

いまの南千住は、ドナウ通りや商業施設、奥に控えるタワーマンションのおかげで、殺伐とした雰囲気はだいぶん中和されている。ほとんど消失しかかっているくらいだ。もちろんいまの南千住、若い女性が夜中にひとりで歩いたところで何も起こらないだろう。

けれど、である。まったく工業地帯としての雰囲気が失われたわけではない。いまも少し脇道に入れば、この町の抱く歴史が確実に刻まれていることがわかる。ドナウ通りの華やかさの東側にはＪＲ貨物の隅田川駅が広がり、北側には東京メトロ日比谷線の車両基地。ドナウ通りと商業施設の一帯も、もとは貨物駅の敷地内だった。

もう少し範囲を広げてみると、この一帯が地理的にも特殊なエリアだったことがさらに見えてくる。駅のすぐ南側で高架をくぐっている都道四六四号（旧日光街道）を南に行けば、ものの五分ほどで明治通りと交差する。この交差点の名は、「泪橋」という。『あしたのジョー』に出てくるあの泪橋。橋の下には丹下段平がジムを構えていた。

もちろん現実にはジムもなければ、そもそも、いまは川も流れていない。ただし、泪橋の交差点の先には〝山谷〟と通称されるドヤ街が広がるのは『あしたのジョー』そのままだ。

いまの山谷は日雇い労働者の集まるドヤ街というよりは、外国人バックパッカーの聖地のようになっているらしい。もとは無数の簡易宿泊所がひしめいていた町だから、そうした宿泊所がいまはバックパッカーに愛されている、ということなのだろう。

そんな山谷の西側には、かつての遊郭、吉原が広がる。いまの吉原は遊郭の系譜をひく日本一のソーブランド街だ。そして、山谷や吉原をさらに南に進んでゆけば、浅草へ。浅草、浅草寺の後背地という地理的な条件が、この一帯をこうした特徴的な町たらしめたのだろう。南千住もまた、そんなエリアのすぐ近く。ときおり駅前広場には黒塗りのハイヤーが停まっていたりするが、吉原のソープランドの送迎車である。

南千住はなぜ下町の工業地帯になったのか

いずれにしても、こうした地理関係を紐解くだけでも、南千住という町の歴史的な位置づけが見えてくるというものだ。

筆者も取材で何度か南千住を訪れたことがある。そのほとんどが、殺伐とした方の南千住が目的だった。日比谷線の車両基地、また隅田川の貨物駅にももちろん足を運んだし、変わったところでは元ヤクザのインタビューというのもあった。まだまだいまのように明るくはなかった南千住駅。その高架下の喫茶店を指定され、怯えながら赴いたのをよく覚えている。そうした思い出が、南千住という町のイメージをより〝危ないところ〟にしてしまっていることは否めない。

江戸の昔、日光街道のひとつめの宿場町として生まれたのが南千住のはじまりだ。

江戸時代初期、千住宿は隅田川（当時は荒川）北岸の北千住一帯だけだったが、寛文年間（一六六〇年頃）

には対岸に拡大。中山道の板橋宿、甲州街道の内藤新宿、東海道の品川宿とともに、「江戸四宿」を構成し、幕末には一万人ほどの人口を抱えていたという。これほどの規模ならば、江戸の外れにひとつの都市が生まれていたようなものだ。

ただし、南千住はそんな千住宿の中でも南の端。江戸の内外の境界はいまの三ノ輪付近にあったというが、そこと南千住はそれほど離れていない。千住宿というよりは、どちらかというと江戸の外れの小さな町の入口、といった様相だったのかもしれない。

いまの常磐線と日比谷線の高架に挟まれた一角には、小塚原の処刑場があった。東海道は品川宿に近かった鈴ケ森刑場と並んで江戸二大処刑場。江戸時代半ばには、杉田玄白や前野良沢が小塚原刑場で腑分けに立ち会い、それをきっかけに『ターヘル・アナトミア』の翻訳事業に取りかかった。幕末には吉田松陰や橋本左内も、南千住の小塚原刑場で処刑されている。すぐ脇の回向院は、処刑された刑死者たちを埋葬し供養するお寺であった。

大都市・江戸に隣接する最初の町の端っこ。南千住は、そうしたところから歴史を刻みはじめた。

一方で、千住宿は水運に恵まれているという強みを持っていた。荒川（現在の隅田川）が宿場の間を流れていて、北がいまの北千住、南がいまの南千住。江戸時代には青物市場が形成されており、周辺各地から多くの農産物が集まる物流拠点になっていたという。

近代以降はさらに水運の重要性が増し、物流の要として存在感を高めていく。

一八九六（明治二十九）年には日本鉄道隅田川駅が開業する。上野駅の貨物取扱を分散させるとともに、常磐炭田から運ばれてくる石炭の受け入れターミナルという位置づけだった。南千住に隅田川駅が置かれたのは、もちろん荒川（現・隅田川）水運との結節を重視したからだ。

常磐炭田の石炭が運ばれてくるターミナルという利点を活かし、一九〇五（明治三十八）年には荒川北岸には千住火力発電所が運転を開始する。また、一八八九（明治二十二）年には鐘ケ淵紡績（現在のカネボウ）の工場が隅田川東岸に、一九〇八（明治四十一）年には東京紡績（現在のユニチカ）の工場が隅田川西岸にできている。

前後して大工場の周囲に中小の町工場も建ち並ぶようになり、工業地帯としての南千住が形作られていった。隅田川駅と荒川・隅田川の水運。この地の利をもってして、東京近郊、下町の工業地帯が生まれたのである。

工場ができれば、そこで働く人もいる。南千住駅周辺には工場で働く人の住居が密集するようになり、モツ煮込みのような庶民的なグルメも生まれている。

本格的に再開発が進み、タワーマンションが建つようになったのは平成に入ってからだ。工場の跡地や貨物駅の一部が転用されて、タワマンに姿を変えた。工業地帯がタワマン地帯になるのは武蔵小杉などの例をみてもわかるとおり、さして珍しいことではない。南千住は、平成以降に急速に工業地帯から住宅地へと変貌していった町のひとつだ。いまもその真ん中に広がる隅田川の貨物駅は、古き南千住の名残りとでもいうべきだろうか。

スタジアム跡地は北島康介の泳いだスポーツセンターに

東京スタジアムは、まさにそうした下町の工業地帯の真ん中にあった野球場である。

南千住駅から歩いておおよそ一〇分。西口を出て国道四号を西に渡り、千住間《かん》道《どう》と呼ばれる大通りを進んでゆくと、南千住警察署や荒川総合スポーツセンターが右手に見えてくる。ちょうどこの警察署やスポーツセンターの一角が、かつて東京スタジアムがあったところだ。

東京スタジアム跡地から千住間道を渡って南へ住宅密集地を抜けてゆくと、こちらでも一〇分ほどで都電荒川線の三ノ輪橋停留場にたどり着く。三ノ輪橋停留場のすぐ脇には、細い路地にアーケードが架かったジョイフル三の輪商店街。いかにも下町の商店街といった雰囲気で、実に賑やかだ。

ここからさらに南進してJR常磐線のガードを潜れば、地下鉄日比谷線の三ノ輪駅の入口が見えてくる。南千住駅と三ノ輪駅、日比谷線ではお隣同士でも、意外と距離は離れていない。

明治の初め頃まで、三ノ輪より北側はまだ田畑が目立っていたが、周辺が工業

荒川総合スポーツセンター

ジョイフル三の輪商店街

地帯になるにつれて市街地に変貌している。戦後ともなれば、まったくの住宅密集地。つまり、東京スタジアムはそうした下町の市街地の中に突如として現れた野球場だったのだ。

東京スタジアム（の跡地）外周を歩こう。

荒川総合スポーツセンターは、かの北島康介が子どもの頃に通っていたのだとか。北島康介がオリンピックで金メダルを取ってからというもの、聖地のひとつとしてファンがやってくるようになった、などというエピソードもある。そのスポーツセンターの前身が東京スタジアムだったというのだから、それもまた奇遇というかなんというか。

そんなスポーツセンターの脇を北に抜けると、フェンスの向こうに野球場が見えてくる。東京スタジアムとの直接的なつながりはないけれど、グラウンドの土は東京スタジアムのものをそのまま使っているとか、芝生も東京スタジアムの孫芝だとか、そういう話も伝わっている。とはいうものの、東京スタジアムが消えてから早半世紀。このグラウンドもだいぶ古くなっている。少なくとも、土はすっかり入れ替わってしまっているに違

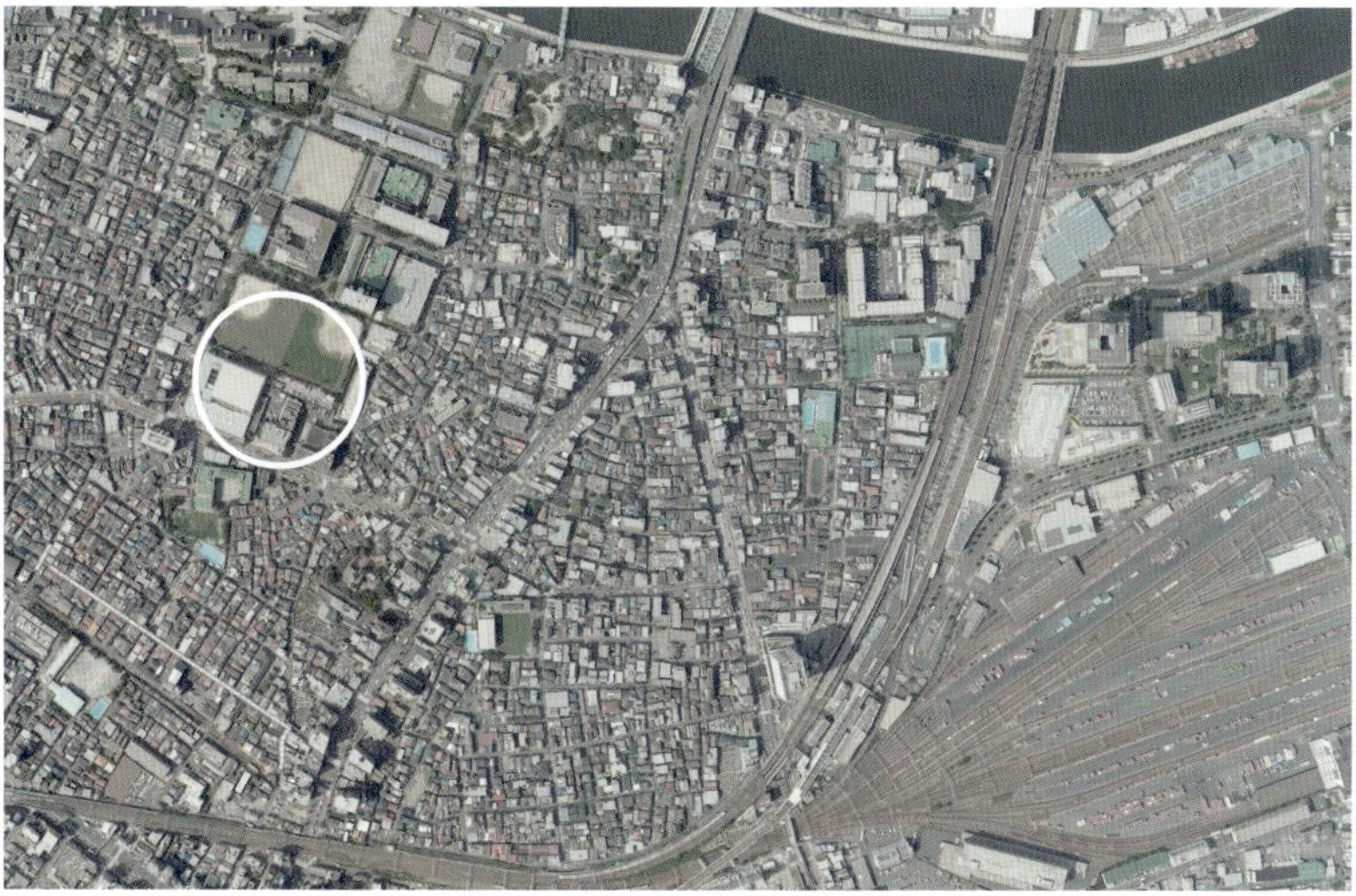

2019年の航空写真。円内あたりが東京スタジアムのあった場所

いない。

野球場の北側が、スタジアムの北縁にあたる。その北には都立荒川工科高校やマンション、スーパーマーケットなどが並ぶ。学校帰りの高校生の姿が目立つが、それ以外はごくごく普通の町の人。自転車でスーパーに買い物にやってきている彼らを見れば、南千住という町もいまは何の変哲もないひとつの住宅地になっていることを実感できる。

スタジアム跡地の周囲には、まだまだ下町風情も残っている。小さな木造住宅や昔ながらの看板建築の小商店が建ち並ぶ。その隙間からはタワーマンション、また東京スカイツリーなんかも見える。ひとことで下町などといっても、まったく変化のスピードは速い。そして、このようなところに本当に東京スタジアムがあったのかどうか。記念するような碑があるわけでもなく、古い地図と見比べなければ想像も及ばない。

いったい、東京スタジアムとはどのような野球場だったのだろうか。

日本映画黄金時代、永田雅一とオリオンズ

東京スタジアムは、「光の球場」と呼ばれていた。一六〇〇ルクスという照明灯の明るさはもちろんだが、タワーマンションなどなかった時代の南千住のこと。夜になれば周囲は闇に包まれた。そんな暗闇に、

スポーツセンター横のグラウンド

浮かび上がるように東京スタジアムだけが明るく輝いた。町の人々にとって、東京スタジアムは特別な存在だったのだろう。

東京スタジアムが完成したのは一九六二（昭和三十七）年のことだ。それからおよそ一〇年間、大毎オリオンズ・東京オリオンズ・ロッテオリオンズの本拠地球場として使われている。

スタジアムを建設したのは、ワンマン社長として大映を率いていた永田雅一だ。「日本映画界の父」とも呼ばれた永田は、一九五〇年代以降、『羅生門』や『雨月物語』など大ヒットを連発。一九五三（昭和二十八）年には、松竹・東宝・東映・新東映とともにいわゆる〝五社協定〟を締結するなど、日本映画黄金時代を牽引する存在だった。

そんな永田は、大の野球好き。映画の本場・アメリカでは球団オーナーが社会的にも尊敬を集める存在だと知って、オーナーを目指すことを決意する。永田は国民リーグの大塚アスレチックスを買収して東急フライヤーズと合併、一九四八（昭和二十三）年に念願の球界参入を果たす。そして、同年十二月には金星スターズを買収し、大映スターズと改称。いよいよ正真

1975年の航空写真。住宅街の真ん中に東京スタジアム

正銘、ホンモノの球団オーナーになった。

大映スターズは高橋ユニオンズや毎日オリオンズとの合併を経て、一九五八（昭和三十三）年に大毎オリオンズとなる。形としては毎日新聞社との共同経営ではあったものの、実態は永田のワンマンだ。一九六〇（昭和三十五）年には、西本幸雄監督のもとでパ・リーグ優勝を成し遂げている。永田雅一の、まさに絶頂期であった。

勢いづいた永田は、自前の球場建設に乗り出す。当時、東京ではジャイアンツ・スワローズ・オリオンズの三球団が後楽園球場を本拠地としており、思うような試合日程を組むことができなくなっていた。とうぜん球場使用料を支払う必要があるから、球団経営をも圧迫する。自前の球場を持つことによって、安定した経営にもつなげようという意図もあったのかもしれない。

はじめ、永田は深川の東京ガスのグラウンドや新宿の淀橋浄水場などをターゲットに建設地を見繕っていたらしい。しかし、いずれも調整が付かず、最後に白羽の矢を立てたのが南千住だ。

東京スタジアムが生まれる以前、その場所には千住製絨所という工場があった。一八七九（明治十二）年という、大変古い時期に官

東京スタジアムでの試合

営で設立された毛織物の工場だ。建設を促したのは大久保利通や大倉喜八郎だというから、まさに殖産工業政策の典型例のひとつといっていい。そして、南千住一帯の工業地域化の先駆けでもあった。戦前戦中は、陸軍の軍服や制服の生産を担っている。

千住製絨所は、戦後民間の大和毛織に売却されたものの、ほどなく経営が悪化して一九六〇（昭和三十五）年に操業を停止。跡地の一部は名古屋鉄道に売却されていた。名古屋鉄道は、明治村建設の候補地として南千住を検討していたという。

永田が目をつけたのは、ちょうどこの千住製絨所の跡地であった。大物政治家・河野一郎の仲介もあって名古屋鉄道から土地を購入すると、すぐに工事にかかる。一九六一（昭和三十六）年八月に着工、約一〇か月の工事を経て、一九六二（昭和三十七）五月に東京スタジアムが完成した。

東京スタジアムは、地上四階、地下一階。地下にはボウリング場やゲームセンター、スナックバーなどが入り、二層式の観客席には貴賓席を含めたゴンドラ席が設けられるなど、かなり豪華な造りだった。エントランスから客席までは階段ではなくスロープを採用したのも特徴のひとつ。いまでいえばバリアフリーだが、当時はどちらかというと観客の動線整理が目的だったようだ。

グラウンドは外野のみ天然芝で中堅一二一・九メートル、両翼九一・四メートルとごく標準的。ただし、左中間・右中間の膨らみが乏しく、ホームランの出やすい球場だったという。

一九六二（昭和三十七）年六月二日、こけら落としとなる大毎対南海の公式戦がプレイボール。東京スタジアム第一号ホームランは、野村克也が打っている。

光の球場で、一度だけのオリオンズ優勝

下町の真ん中に現れた東京スタジアムは、その豪華な施設とは裏腹に、実に庶民的な球場だった。何しろ、下駄履きで行くことのできる野球場として、周辺に暮らす、つまり下町の庶民たちに愛されたのだ。近隣の瑞光小学校の児童たちは、開場から約二か月のうちに男子八三パーセント、女子四二パーセントが観戦に足を運んでいる。新聞社の招待券や割引券のおかげという側面はあるものの、身近なところに気軽にいける野球場ができたということは、大きなインパクトがあったに違いない。

ところが、肝心のオリオンズが振るわなかった。いくら立派な野球場があっても、それだけでお客が来てくれるのは最初だけ。結局はチームが勝てなければお客は減る。これは古今東西の習わしだ。オリオンズの低迷によって東京スタジアムは早々に空席が目立つようになって行った。

また、すでにこの頃には映画産業は斜陽化がはじまっていた。永田のワンマン経営だった大映も、すでに経営難の兆しが見えていたのだ。一九六九（昭和四十四）年には、岸信介の仲介によってロッテがスポンサーに就任し、球団名はロッテオリオンズに改称されている。親会社である大映の資金投入で球団経営を維持することは、すでに限界だったのである。

ロッテオリオンズになると、同時に就任した濃人渉《のうにんわたる》監督のもと、チーム成績はようやく上向き始める。一九六九（昭和四十四）年には三位、そして一九七〇（昭和四十五）年にはリーグ優勝。東京スタジア

ムでは唯一の、そして最後の優勝だった。その瞬間、グラウンドに観客がなだれ込み、永田は一〇〇人以上のファンに囲まれて胴上げされたという。ワンマンオーナー冥利に尽きる、といったところか。このときが、野球人・永田にとって最後の輝きだった。

優勝からわずか三か月後の一九七一（昭和四十六）年一月。永田は球団をロッテに譲り、球界から完全に身を引く。大映の経営難が抜き差しならない段階に達し、経営再建に専念せざるを得なかったのだ（大映は一九七二年末に倒産）。東京スタジアムも赤字が膨らんで累積十五億。こちらは国際興業の小佐野賢治の手に渡っている。

永田雅一が手を引いてからのオリオンズと東京スタジアム。二年間は、そのまま本拠地として使われている。しかし、一九七二（昭和四十七）年のオフ、球場所有者である小佐野賢治が翌シーズン以降の使用を拒否。継続使用を欲するならば球場ごと買収するよう求めた。小佐野は最初からロッテではなく東京都に売却する意思を持っていたとも言われるが、本当のところはわからない。

いずれにしても、ロッテは一九七三（昭和四十八）年のシーズンから本拠地を失い、地方を点々とすることになる。いわゆる、〝ジプシー・ロッテ〟である。

そして、一九七三（昭和四十八）年末、東京スタジアムは竹中工務店に売却され、続けて一九七七（昭和五十二）年に東京都の所有に移る。竹中工務店が所有していた時期には、解体せずにロッテなどに売却する可能性も噂されていたが、実現していない。東京都に売却されると、すぐにスタジアムは解体。その跡地が、荒川総合スポーツセンターや警察署に、つまりいまの東京スタジアム跡地の姿に生まれ変わったというわけだ。

結局、東京スタジアムが使われていたのは一九六二（昭和三十七）～一九七二（昭和四十七）年までのわずか十年であった。

高度経済成長、日本が経済大国への階段を登っていた時代。そして、一時代を築いた映画産業が絶頂期から転落する時代。東京スタジアムは、そんな一〇年の間、下町・南千住に咲いた幻の花だったのだろうか。南千住の町は、その間も少しずつ姿を変えて、工業地帯から住宅地へと移り変わってゆく。

もしも、いまも東京スタジアムがあったなら。東京・下町に根ざしたスタジアムとして愛されていたに違いない。地域の中で、地域とともにあるチームとスタジアム。それは、永田が理想として夢見ていたプロ野球のあり方だったのだろう。

プロ野球が本格的に地域密着に取り組み始めたのは、ほとんどの人が東京スタジアムのことを忘れて久しい二〇〇四（平成十六）年、球界再編騒動以後のことである。

二十一世紀の入口で消えた
和製ディズニーランド

横浜ドリームランド

陸の孤島に現れた夢の国

「横浜のチベット」というあまりうれしくない呼ばれ方をしている地域がある。

だいたい多くの人が抱いている横浜という都市のイメージは、「港町」に集約されるといっていい。みなとみらいに赤レンガ、元町馬車道中華街。それを見下ろす野毛山一帯などを含めても、横浜の主要な町は海沿いに集まっている。

しかし、実際の横浜はそれほど単純な都市ではない。

横浜の低地部は、港町のイメージを喚起させるごく一部のエリアに過ぎない。市域の大半は、丘陵か台地だ。横浜の市街地の大半は、台地や丘陵地を切り開いて築かれた。横浜の都市化が進んだのは幕末の開港以後のことだが、それはこうした地理的条件が理由のひとつなのだろう。

そして、この台地や丘陵地、とりわけ西側の相模原台地の上は、港町エリアとは距離もあり、標高も高く、それでいて交通の便

2019年の航空写真。横浜ドリームランドの周囲は団地が林立。右下は保野公園野球場

もいまひとつ。そうしたことから、緑区・瀬谷区・旭区・泉区・戸塚区などの一帯が、「横浜のチベット」などと呼ばれることがある、というわけだ。

ありていにいえば、「横浜のチベット」は悪口である。何よりチベットの方々にも申し訳が立たない。だから居酒屋での雑談ならともかく、こうして文字にするのはいささか憚《はばか》られるものがある。ただ、台地の上がまだまだ未開発だった頃を頭に思い浮かべれば、実感を持ってこの言葉を受け入れられるような気もしてくる。いまでこそ、地下鉄が通って幹線道路なども整備されている。けれど、ひと昔前までは文字通りの〝陸の孤島〟に他ならなかった。

そんな陸の孤島に忽然《こつぜん》と現れた夢の国、それが横浜ドリームランドなのである。

東京オリンピックの開幕を二か月後に控えた一九六四（昭和三十九）年八月一日。横浜ドリームランドは開業した。横浜市戸塚区俣野町《またのちょう》。相模原台地南部の一角で、西に急坂を下って境川沿いに出れば小田急江ノ島線が走り、東に下れば国道一号、

1968年の航空写真。ドリームランドの周囲は人家もまばら

東海道。東海道を越えてさらに東に行くと、柏尾川《かしお》が刻んだ河谷沿いに東海道本線が通っている。

こうした周囲を見下ろす高台に、横浜ドリームランドは姿を見せた。仕掛けたのは、日本ドリーム観光の社長・松尾國三だ。

少年時代には旅芸人の一座に身を置き、戦前から戦中、戦後にかけては興行師として名を馳せた。人呼んで、「昭和の興行師」。聞こえはいいが、興行にヤクザはつきものの時代。なかなか黒い噂も尽きなかったようだ。

一九五四（昭和二十九）年、松尾は千土地興業の代表取締役に就任する。大正初期、同社は南海の系列の千土地建物としてはじまり、大阪・難波を中心に劇場や映画館を運営。のちに松竹傘下に入って規模を拡大していった。

千土地興業の経営権を握った松尾は、一時的に落ち込んでいた経営を立て直し、さらなる拡大路線を推し進めてゆく。たとえば、一九七二（昭和四十七）年に死者一一八名を出した火災事故を起こす、千日前デパート。大阪・難波、千日前商店街の入口に位置するこのデパートは、松尾が社長に就任してから四年後、一九五八（昭和三十三）年に開業している。同年には大阪新歌舞伎座を建設するなど、関西の興行界の風雲児であった。

そんな風雲児・松尾が、レジャー施設、遊園地の経営に乗り出した。それがドリームランドだ。

和製ディズニーランド、爆誕

ドリームランドの第一号は、一九六一（昭和三十六）年開園の奈良ドリームランドである。

奈良ドリームランドの建設に先立って、松尾はアメリカ・アナハイムにある本場のディズニーランドを訪れている。そこで徹底したサービスを目の当たりにし、これを日本にも持ってきたいと考えた。ウォルト・ディズニーに対面して直訴し、協力を求めたというからたいしたものだ。この時代は、身ひとつでのし上がってきた寝業師のような実業家がいた。船橋ヘルスセンターを開いた丹沢善利も、そしてドリームランドの松尾もそうした傑物のひとりなのだ。

松尾の熱意にほだされたのか、それとも何か狙いがあったのか。ウォルト・ディズニーは松尾の申し出に対し、ディズニーランドのノウハウを提供している。もちろんディズニーランドの名前を使うことはまかり成らぬ。けれど、日本人が自らの手で欧米的なテーマパークを作るなら協力を惜しまない。そんなところではなかったのではないか。

そうして一九六一（昭和三十六）年に奈良ドリームランドがオープンする。古都として、いわば特別な位置づけにある奈良という都市に生まれたテーマパーク。地元の人の評判はどうだったのか。

意外にも思えるが、当時の高椋正次奈良市長は「市としても大歓迎」とコメントしている。古都として観光客は訪れていても、京都や大阪と比べるとジリ貧で、新しい見どころを開発する必要がある、というわけだ。確かに、奈良は京都観光の〝ついで〟に足を伸ばすという趣が強く、宿泊先には奈良ではなく京都、という人も少なくない。ドリームランドにこの課題を解決してくれるのではないかという期待を抱いたのである。

奈良ドリームランドは、「和製ディズニーランド」としてオープンした。実際に、当時の宣伝文句には、さかんに「ディズニー」の言葉が使われている。ただし、完全にディズニーを模倣したわけではなく、日本的な要素を多分に取り入れた。それがかえって滑稽でもあるのだが、たとえば園内に和式の結婚式場を設け、そこでは春日大社の神職が出張してくる、というあんばいだ。古都とディズニーの融合というべきか、なんというか。

できあがった奈良ドリームランドの話を聞いて、ウォルト・ディズニーは大激怒したらしい。まるでディズニーランドのパクりじゃないか、というわけだ。日本人はとうてい信頼が置けないとなって、のちの東京ディズニーランドの誘致にあたって障壁のひとつになったというのだから、厄介至極。寝業師・松尾のなせる技、それとも当時の日本はそれほど「まああいまいに」という国民性だったからなのか。

ともあれ、こうしてオープンした奈良ドリームランド。それに次ぐ姉妹ランドとして計画されたのが、横浜ドリームランドであった。

日本ドリームランド観光は、「奈良ドリームランドはアメリカのディズニーランドを模倣した遊園地であるが、子どもを中心にしすぎて、大人が遊ぶにはやや物足りないという感じがあったので、この欠点をカバーするため、新しいドリームランドの建設にふみきった」としている。さらに、「ディズニーランドよりも、デンマークのチボリのような北欧の遊園地を模倣したもの」ともいう。とどのつまり、「ディズニーとチボリと日本と、そうしたものがごった煮になったような遊園地といっていい。

それでも、目玉はやっぱりディズニーランド。横浜ドリームランドの計画を報じた当時の新聞を見ると、「ディズニーランドばかりでなく、宿泊施設や野球場もある大レジャーセンターにするネライ」などとある。ディズニーランドという言葉はいまよりも遥かに軽かった。アメリカから見ていたウォルト・ディズニーからすれば憤懣やるかたないだろうが、当時の日本は、そういう時代だったのである。

消えたドリームランドと残るドリームハイツ

こうして華々しくオープンした横浜ドリームランドだったが、約四十年後の二〇〇二（平成十四）年に閉園に追い込まれている。跡地は公園や墓地、大学になっているという。当時の目玉だった超高層、約九三メートルの高さを誇ったホテルエンパイアは、建物だけがそのまま残り、横浜薬科大学の図書館になっているそうだ。そのほかの現地は、いったいどうなっているのか。横浜ドリームランドの跡地を訪ねた。

横浜ドリームランド跡地へは、戸塚駅か大船駅から路線バスを使うことになる。直線距離では小田急江ノ島線の六会日大前《むつあいにちだいまえ》駅や湘南台駅のほうが近くても、いか

写真右の高いビルが旧ホテル・エンパイア（現在は横浜薬科大学の図書館棟）

んせん足がない。湘南台駅にも路線バスが通っているようだが、五〜十分に一本のペースの戸塚・大船には敵わない。

戸塚駅から乗ったバスは、神奈川中央交通の「ドリームハイツ行き」。終点のドリームハイツ停留場周辺が、まさに横浜ドリームランド跡の一帯だ。時刻表通りなら、だいたい二十分ほどで終点に着く。ところが、交通量の多い市街地の中を抜けてゆく。停留場ごとに乗り降りも盛んだし、どうしても時間がかかってしまう。三十分を少し超えるくらいの時間をかけて、終点に着いた。この頃にはお客はほとんどいなくなっている。

バスを降りると、すぐ目の前に大きな公園があった。俣野公園という公園で、ここがまさにかつてのドリームランド。公園というからには遊具の類いもあるのだが、とうぜんドリームランドのそれとはまったく次元が違う。約半世紀にわたって〝夢の国〟があったとは、とてもじゃないけれど想像もつかない。横浜市郊外の、静かで大きな公園である。

むしろ印象的なのは、ドリームランド跡地の公園よりも、それを取り囲んでいる団地群だ。

バス停の名前の由来にもなっている「ドリームハイツ」という名のこの団地は、市営と県営に分かれているが、いずれをとっても巨大な団地である。いかにも古

県営のドリームハイツ

俣野公園

めかしい、昭和の団地の雰囲気が濃厚に漂う。団地の中に入っていけば昔ながらの団地内商店街の残滓のような一角もあった。いまは商店街というよりは小さな飲食店がいくつか集まっている一角、といったほうが正しい。

ドリームハイツという名は、横浜ドリームランドから頂いたものだ。ここからも、ドリームランドにかける地域の期待が現れている。ドリームハイツの入居がはじまったのは、ドリームランドが開園してから八年後の一九七二（昭和四十七）年だ。横浜の町を見下ろす丘の上に、肩を並べてドリームランドとドリームハイツ。いまから五十年ほど前、まさにこの丘の上に夢の世界が広がっていた。

ドリームランド跡地の公園とドリームハイツに挟まれた外周道路を歩きすすめる。ほどなく、脇にローソンを従えたバスロータリーが見えてきた。行き先別にのりばも分かれているようで、なかなか立派なロータリーだ。

このバス停は、「俣野公園・横浜薬大前」という。公園の正面入口はもちろんのこと、同じくドリームランド跡地に置かれている横浜薬科大学の最寄りバス停でもある。学生たちが長い列を作ってバスを待つ。自転車を使うわけでもない限り、横浜薬科大の学生はみな、この門前のバス停からバスに乗って戸塚駅か大船駅に出るのだろう。だから、大学の目の前といっても学生街のような町並みはない。ドリームハイツに暮らす人も、学生も、みなバスに乗って丘を降りてゆく。

バス停「俣野公園・横浜薬大前」

ドリームハイツ周囲の商店

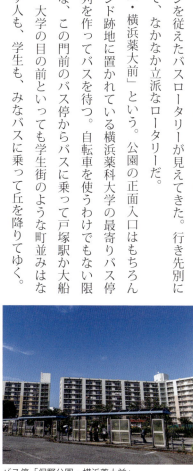

しかしこの町、やはり交通の便が悪い。バスが頻繁に走っているから、一見するとそれほど不便ということもなさそうだが、交通量が格段に増える朝の通勤通学時間帯などは、駅に出るまで一時間近くかかることもあるという。こうしたところに、日によっては一日に数万人もの来園者がやってくるようなテーマパークがあったとは、にわかに信じがたいものがある。

わずか一年で運行を終えたモノレール

実は、この丘の上の夢の国にはモノレールが通っていた。正式には、ドリーム開発ドリームランド線といい、大船駅とドリームランドの正門前を結んでいた。

一九六四（昭和三十九）年のドリームランド開園から遅れること二年、一九六六（昭和四十一）年五月に開業した。方式は、東芝式という跨座《こざ》式モノレール。一九六四（昭和三十九）年開業の東京モノレールで採用されたアルヴェーグ式を参考にして、東芝が独自に開発した国産のモノレールだ。最初の実用例は一九六一（昭和三十六）年の奈良ドリームランド内。遊戯施設のひとつという位置づけだった。モノレール黎明期といっていいこの時期には、同じように遊園地などの園内限定のモノレールが相次いで登場している。いわば実証実験のようなものだったのだろう。

横浜ドリームランドへのアクセスにモノレールが採用されたのは、アクセスにも遊戯性を持たせたる狙いもあっただろうが、いちばんには地形的な背景がある。柏尾川沿いの河谷にあった大船駅から丘の上のドリームランドまでは急勾配が続く。モノレールの急勾配・急曲線に強いという、普通鉄道に優るメリットが評価されたのだ。

大船〜ドリームランド間の総延長は約五・四キロ。直線は全体の四割弱で、六〇パーミル※超の急勾配が五割を上回る。最急勾配は一〇〇パーミル、最小曲線半径は一五〇メートルという、およそ普通鉄道では考えがたいような線形だった。

ドリームランド線の開業によって、ドリームランドへのアクセスは飛躍的に改善される。三両編成二本を投入し、大船とドリームランドを約八分で連絡。朝七時から夜の二十二時三十分まで、おおむね十五分の運転間隔だった。この頃には計画が進んでいた、県営・市営住宅（ドリームハイツ）の住民たちにも大きな助けになるに違いない。そんな期待をも背負って走った、文字通り夢のモノレールであった。

しかし、ドリームランド線が走っていたのはわずか一年半ほどだった。一九六七（昭和四十二）年に、営業を休止したのだ。

営業休止の理由は、車体の重量オーバーだ。きっかけは、同年四月に車輪タイヤの摩耗の激しさに気がついたこと。そこで運営するドリーム交通が調べたところ、本来三〇トンだったはずの車両重量が四五・七八トンもあることがわかった。ドリーム交通は陸運局への報告の上、行政指導によって定員を減らしてスピードも遅くするなどして運行を続けている。

※パーミル…水平距離1000メートルあたりの高低（メートル）のこと。六〇パーミルの勾配とは一〇〇〇メートルで六〇メートル昇降する坂のことを指す。

ドリームハイツ線のモノレール車両

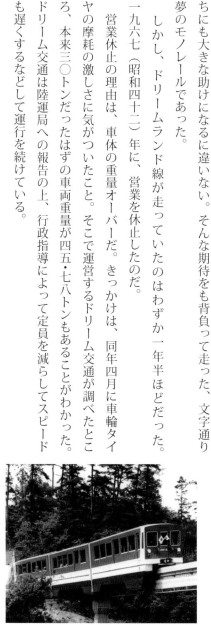

しかし、それでも橋脚に亀裂が入ったり、軌条の劣化が激しいといった影響は顕著だった。結局、陸運局からの営業休止勧告を受けて、同年九月二十四日から運行を休止することになったのである。そして、それから再びこのモノレールが走ることはなかった。

その後、ドリーム交通が車両を製造した東芝などを相手取って損害賠償訴訟を起こしたこともあって、裁判の証拠でもあるモノレールの軌道などはそのまま野ざらしにされる。訴訟は一九八〇年代に入って決着するが、設備がすぐに撤去されることもなく、徐々にお客を減らしていたドリームランドそのものの落日の象徴のような存在になってしまう。

一九九〇年代に入ると、一時的にモノレールの復活が議論されている。ドリームハイツをはじめとするドリームランド周辺に暮らす人々にとっては、モノレールの復活はまさに悲願といっていい。実際、磁気浮上式（ＨＳＳＴ方式）リニアを採用して一九九九（平成十一）年に営業を開始するという、かなり具体的な話もあった。モノレール時代は大船とドリームランドのピストン輸送だったが、再開時には新たに途中駅を三駅設ける予定だったという。

ＨＳＳＴ方式のリニアは、一九八五（昭和六十）年の筑波万博などでデモ走行を繰り返しており、一九八九（平成元）年の横浜博覧会でも期間限定ながら営業運転を行っている。だから、ドリームランドのリニア計画もあながち夢物語でもなかった。しかし、残念ながら日の目を見ることはなく、ＨＳＳＴ方式の実用化は二〇〇五（平成十七）年の愛知高速交通東部丘陵線（リニモ）開業を待つことになる。

ヘイヘイおじさんがドリームランド末期の名物に

そんなモノレールの紆余曲折もありながら、横浜ドリームランドは開園からしばらくの間は順調にお客を集めていった。一九七九（昭和五十四）年には年間で約一二〇万人の入場者数を記録している。しかし、その後は右肩下がり。一九八三（昭和五十八）年に本家本元、東京ディズニーランドがオープンした影響もあっただろうか。

一九八四（昭和五十九）年には、風雲児・松尾國三がこの世を去る。その後は経営権を巡る争いを経て、一九八八（昭和六十三）年にはダイエー傘下に入った。一九九三（平成五）年にはダイエーに吸収合併されている。ダイエーはバブル期を通じて事業拡大を進めており、ドリームランドもその一環だったのだろう。モノレールの再開計画も、ダイエーのおかげだった。

しかし、それでも状況が改善されることはなく、むしろバブル後の長い不況がトドメになった。施設を徐々に縮小しながら営業を続け、末期には年間の入場者数が六十万人を少し超えるくらいまでに低迷していった。赤字は十年連続。そこにダイエー本体の経営難が加われば、万事休すである。

最末期、週末はともかく、平日はほとんどお客の姿がなかった。園内はあまりに静かで、はしゃごうと思ってやってきても声が出しにくい。アトラクションは気に入れば何度でも、エンドレスで乗り続けることもできる。が、スタッフがア

「ドリームビル」という名の雑居ビル

トラクションに常駐していないから、わざわざ呼びに行かないといけない。この頃の名物は、アトラクション中に流れる『学園天国』に合わせて「ヘイヘイ!」と叫ぶヘイヘイおじさんくらいであった。

そうして横浜ドリームランドは、二〇〇二(平成十四)年二月十七日、歴史に幕を閉じる。開園時は、「日本のディズニーランド」ともてはやされたが、最後は「お隣遊園地」の扱いだった。奇しくも閉園の半年ほど前、二〇〇一(平成十三)年九月には、東京ディズニーシーがオープンしている。

夢のあと――。横浜薬科大の学生たちが列を作るバスのりばは、かつてのモノレールの駅の跡。すぐ近くには、「ドリームビル」という古い雑居ビル。ドリームハイツしかり、あちこちに「ドリーム」の名が残っているのが、かえって虚しさを誘う。

大学と公園の間を抜けて歩いてゆくと、小さな神社が見えてきた。春日神社という。横浜ドリームランドが開園した当時、奈良の春日大社から分霊して創建された。奈良ドリームランドの姉妹ランドである横浜ドリームランドらしさというべきか。そして、春日大社よろしく境内には鹿もいる。春日大社の、つまり奈良公園の鹿の血を引く神の鹿。この地でさらに血をつないでおり、訪れたときには子鹿が親鹿に寄り添うように立っていた。

ドリームランドの跡地

春日神社

横浜の、西の外れの丘の上。半世紀にわたる夢の時代が終わりを告げて、古都・奈良の息吹だけがいまも変わらずに残っている。

夏の甲子園は豊中で、
なら春の甲子園はどこで産声？

山本球場

日本一の野球どころ・愛知にあった伝説の野球場

国内で指折りの「野球どころ」はどこだろうか。

いまや地元から離れた強豪校に入学する野球留学も当たり前になっているから、甲子園の優勝回数などを取りあげても現実的な指標とはいえないのかもしれない。ただ、いくらかは参考になりそうなので、データを引こう。

春夏合わせた都道府県別の優勝回数を見ると、最多は大阪府で二十六回。ＰＬ学園や大阪桐蔭が優勝回数を大きく引き上げている。

大阪に次ぐ二位は、十九回の愛知県だ。愛知県勢では、中京大中京が前身の中京商業時代からの強豪で、春夏合わせて十一回の優勝を誇る。一九三一（昭和六）年から一九三三（昭和八）年まで夏大会を三連覇しているが、これはいまも破られていない記録だ。夏の優勝は全国最多、春大会でも同じ愛知県勢の東邦高校に次ぐ二番手だ。

そういうわけで、とどのつまり愛知県は日本有数の野球どころというわけだ。

だから、愛知県には古くからたくさんの野球場があった。

たとえば、日本で初めてプロ球団同士の試合が行われた鳴海球場。愛知電気鉄道（現・名古屋鉄道）が沿線開発の一環で建設し、一九二七（昭和二）年に鳴海駅の近くに開場した。一九三四（昭和九）年にベーブ・ルースらが来日した日米野球の舞台となり、一九三六（昭和十一）年には巨人軍と名古屋金《きん》鯱《しゃち》軍の記念試合が行われている。アメリカ遠征を控えた巨人軍の壮行試合だった。この試合では、エースの沢村栄治が打ち込まれ、一〇対三で金鯱軍が勝利している。

鳴海球場の収容人員は実に二万人。鉄傘を擁するメインスタンドは、甲子園のアルプススタンドの向こうを張って「伊吹スタンド」などと呼ばれていた。甲子園や神宮球場にも負けない、本格的な野球場を目指していたという。

鳴海球場は一九五八（昭和三十三）年に閉鎖され、跡地はダイヤモンドそのままに自動車学校に生まれ変わった。いまも往年のスタンドが車庫などに使われており、廃球場の雰囲気がたっぷり残った自動車学校だ。

そして、もうひとつ。愛知県内には、歴史に名を遺す伝説の野球場があった。名古屋市の東の外れ、八事《やごと》という町の中にあった、山本球場である。

山本球場は、その名も山本権十郎という地元の篤志家によって、一九二二（大正十一）年に建てられた。山本は運動用具店を経営する傍ら市議会議員まで務めた名士で、球場を建設した土地は生活に窮した知人から買い取ったものだという。

もとは小高い丘だったが、それを切り開いての野球場。地域の人々に野球を見て楽しんでもらおうという思いもあったのだろうか。約二〇〇〇人という収容人員はいまにしてみれば小規模でも、当時にしてはなかなかに本格的だ。こけら落としでは、早稲田大学を招いて地元の実業団チームと記念試合をしたという。

そして、それから二年後の一九二四（大正十三）年四月、山本球場を舞台に、第一回全国選抜中等学校野球大会が行われた。いまの春の甲子園、〝センバツ〟の記念すべき一回目である。

第一回のセンバツ開催時、まだ阪神甲子園球場は存在しなかった。甲子園球場が完成するのはこの年の夏だ。それまで夏の大会は西宮市の鳴尾球場を舞台に行われていた。それに対して、なぜセンバツは愛知県の山本球場を舞台に選んだのだろうか。

本当のところは定かではないが、夏大会で近畿勢の優勝が多いのは、開催地に近いという恩恵がゆえだと考えられていたことが関係していたらしい。優勝候補の呼び声高くとも、なかなか優勝に手が届かない愛知県勢にもチャンスを……といったところだろうか。第二回以降は場所を変えて全国を行脚しながら開催するという、国体スタイルも検討されていたという。

ともあれ、一九二四（大正十三）年四月一日にはじまった第一回のセンバツ。開会式には地元・いとう呉服店（現在の松坂屋）が擁するいとう呉服店少年音楽隊が招かれ、入場行進曲の『星

1963年の航空写真。枠内が山本球場

条旗よ永遠なれ』などを奏でた。始球式は当時の名古屋市長だった川崎卓吉だ。参加は八校、決勝戦は高松商業と早稲田実業の顔合わせになった。村川克己のホームランなどで、高松商が二対〇で勝ち、初代王者に輝いている。

大阪・市岡中のショートとして第一回センバツに出場し、のちには日本学生野球協会の会長などを歴任した広岡知男は、山本球場について「左翼が浅く、右翼が深い変わった形だった」と振り返っている（毎日新聞、二〇〇〇年三月二十二日）。レフトの脇に大きな日本旅館があったためにレフト方面が極端に狭く、ボールが飛び出さないように高いフェンスが設けられていたという。そのため、広岡もレフトにホームランを放ったものの、飛距離が短いとして公式記録では正式なホームランとしては認められたなかった。狭かろうが広かろうがフェンスを越えればホームランだろうとは思うが、このあたりのいい加減さは時代がゆえか。公式記録に認定されたのは一九八八（昭和六十三）年になってからだった。

このレフトが狭すぎるという歪な形のせいなのか、収容人数

2020 年の航空写真。画面中央上あたりに山本球場があった

の関係か、結局センバツが山本球場で開かれたのは第一回大会だけに終わっている。この年の夏に甲子園球場が完成すると、翌年の第二回大会からセンバツも舞台は甲子園。そうしていまに続く、「甲子園」の歴史が紡がれていった。

巨人対阪神、伝統の一戦ここにはじまる

山本球場は、第一回センバツの後も野球史の表舞台に登場している。

一九三六（昭和十一）年七月、連盟結成記念全日本選手権名古屋大会が山本球場で開催されたのだ。ちょうどこの年の二月、日本職業野球連盟が発足している。現在に続く〝プロ野球〟のはじまりである。四月には第一回のリーグ戦（公式戦）も開催された（巨人軍はアメリカ遠征のために不在）。そして、巨人軍が帰国してから行われたのが、加盟七球団によるトーナメント戦だ。東京大会、大阪大会と転戦し、七月十五日からいよいよ名古屋・山本球場ではじまった。

この山本球場のトーナメントでは、記念すべきカードの第一戦が行われている。巨人対阪神、伝統の一戦だ。春のリーグ戦は巨人が不在で、東京・大阪でのトーナメントは組み合わせの都合で対戦がなかった。山本球場の一回戦で、公式戦で初めて巨人とタイガースが激突したのである。

結果は、タイガースの勝ち。中盤まで巨人が優位に試合を進めたものの、終盤にタイガースが逆転、八対七という、いわゆる〝ルーズヴェルトゲーム〟の激戦だった。タイガースは巨人を倒した勢いその

ままに三連勝、名古屋大会で優勝を飾っている。

ちなみに、巨人対阪神が「伝統の一戦」と呼ばれるようになったのはずっと後のこと。この年、秋季リーグでは巨人とタイガースの優勝決定戦が東京・州崎球場で行われており、以後も東京と大阪の両チームが黎明期のプロ野球を牽引した。戦後も王・長嶋と村山・江夏のライバル対決、史上初の天覧試合など名勝負が続き、いつしか伝統の一戦と呼ばれるようになった次第だ。そのすべてが山本球場から始まったのである。

いずれにしても、伝統の一戦の初対戦にはじまって、プロ七球団による熱戦が繰り広げられた山本球場。しかし、この頃の野球人気は学生野球によって支えられており、プロ野球、職業野球の人気はまだ低迷していた。そのため、スタンドの収容人員が少なめの山本球場でも充分だったのだろう。観客は、五日間の開催で一万人にも満たなかったという。

そして、一九二七（昭和二）年に鳴海球場が完成していたことなどもあって、最初のトーナメント以来、プロ野球の公式戦で山本球場が使われることはなくなった。

それでも、山本球場はすぐに消えることはなく、それからもかなり息長く存続している。戦後の一九四七（昭和二十二）年には国鉄名古屋鉄道管理局野球部のグラウンドになり、八事球場に改称。この頃には専用のグラウンドを持たなかった享栄《きょうえい》商業（現・享栄）が八事球場を練習場に使っていたこともあった。ここで金田正一の練習を見た国鉄関係者が創設間もないスワローズに報告し、入団につながったというエピソードも残っている。

国鉄末期には国鉄清算事業団の保有になるが、民営化後もしばらくはＪＲ東海野球部の練習グラウンドとして使われていた。八事球場、山本球場が地図から姿を消したのは、一九九〇（平成二）年春のことだ。

センバツ第一回の野球場跡はどうなっている？

では、いまの山本球場の跡地はどうなっているのだろうか。

球場がなくなったのが三十年ちょっと前だから、他の廃球場などと比べるとそれほど歳月を経ていない。だから、まだだいぶ痕跡が残っているのではないか。そんな淡い期待を抱きながら、名古屋市営地下鉄八事駅にやってきた。

八事駅は、地下鉄鶴舞線と名城線が交わる名古屋市南東部における要衝のターミナルだ。地上に出て八事の交差点に立つと、西側にイオン八事ショッピングセンター。周囲には中京大学や名城大学のキャンパスがある。いわゆる文教地区、といったところだろうか。

八事の交差点から国道一五三号（飯田街道）を北西に歩く。すると、ほどなく八事山・興正寺《こうしょうじ》という立派なお寺が見えてくる。江戸時代初期、元禄年間に尾張藩の祈祷所として建立された由緒あるお寺で、一八〇八（文化五）年に建てられ

八事山興正寺

153号線沿いに山本球場跡地を目指す

た五重塔は、名古屋市内に現存する唯一の木造五重塔。国の重要文化財にも指定されている、八事の町のシンボルだ。

そんな古刹の脇の坂道を登った先に、山本球場の跡地がある。といっても、目の前に広がっていたのは球場の痕跡など消え失せた、「シティファミリー八事」というマンションであった。その周り、球場だった区画の周囲をうろうろと歩き回っても、それと感じさせる痕跡はまったくといっていいほど残っていない。

球場の周りは、もともとお寺と住宅地。それでいて、球場そのものの形が歪だったこともあってか、航空写真を見てもどこに球場があったのかすら判然としなくなっている。わずか三十年ちょっとのうちに、歴史に名を刻んだ野球場は完全に住宅地の中に埋没していった。このマンションに住まう人たちに、センバツ第一回や伝統の一戦初対決の話をしても、どれだけの人が信じてくれるだろうか。

だが、そんなマンションの一角に、「センバツ発祥の地」のモニュメントが置かれていた。球場の本塁付近に設けたらしく、センバツ優勝校の名が連なる碑も合わせて設置されている。なかなか立派なモニュメントで、球場の面影は消えても記憶だけは確実につないでいるのだ。

センバツ発祥の地のモニュメント

跡地はマンションに

江戸時代からの行楽地にたくさんの野球場

しかし、いったいどうしてこの地にセンバツや伝統の一戦が開かれるほどの野球場が現れたのだろうか。山本権十郎という篤志家の社会奉仕の心、などというだけでは片付けられまい。

この答えを知るには、まずは八事という町がどのような町なのか、からはじめる必要がある。

興正寺の存在からもわかるとおり、八事は古くから信仰の町だった。ちょうど八事は名古屋城下と岡崎方面を結ぶ街道筋の途中に位置しており、東側で低い峠を越えている。興正寺の他にも西光院や香積院《こうじゃくいん》、高照寺《こうしょうじ》など神社仏閣が多く、南側には音聞山《おときさやま》という景勝地もあった。

江戸時代の庶民の楽しみといえば、神社仏閣の参詣だ。そういうと信心深そうなイメージを抱くが、実際のところは寺社参詣にかこつけた遊覧旅行のようなもの。名古屋城下に暮らす庶民たちは、折を見て八事に足を運んだのだろう。

庶民の憩いの場としての八事は、明治に入っても変わらない。天道山高照寺は、明治時代にはツツジの名所となって多くの人を集めるようになり、大正時代には八事遊園地なるレジャー施設も現れた。昭和初期には現在の名城大学キャンパス付近に天白渓遊園もできた。イオンの脇にある八勝館という古めかしい料亭は、明治初期に名古屋の材木商の別邸として建てられ、のちに料理旅館に衣替え。食通として名の通る北大路魯山人もたびたび足を運んだという。

アクセスのための鉄道もいち早く通っている。一九〇八（明治四十一）年に愛知馬車鉄道が千種《ちくさ》から八事に通じたのがはじまりで、一九一二（明治四十五）年には電化されて尾張電気軌道に改称。一般には、「八事電車」として親しまれた。八事遊園地を開園させたのも尾張電気軌道で、いわゆる私鉄による沿線開発の一例といっていい。ちなみに、八事電車は一九一四（大正三）年に開設した八事霊園に向けて柩を運ぶ「霊柩電車」でもあったという。

ともあれ八事という町は、名古屋の人々の憩いの場、レジャーランドとして発展してきた町なのだ。そして、レジャーランド・八事の全盛期にあって、山本球場が誕生したのである。当時、急速に人気を高めていた野球というスポーツを、実際にプレイするだけでなく観て楽しむ。名古屋近郊の行楽地に、そうした野球場が生まれたところで何ら不思議はないだろう。

実は、山本球場ができた頃、八事にはほかにもいくつもの野球場があった。そのひとつひとつが、実に個性的で、愛知県の野球の発展に大いに貢献してきた野球場ばかりだ。

たとえば、尾張電気軌道が八事遊園地に隣接して設けた尾電八事球場。この球場は、一九三七（昭和十二）年から一九五八（昭和三十三）年まで、東邦商業（現・東邦）野球部のグラウンドになっていた。東邦はセンバツの優勝回数が全国最多という名門中の名門だ。

東邦は戦前にも一九三四（昭和九）・一九三九（昭和十四）・一九四一（昭和十六）年と三度センバツを制している。第一回のセンバツが行われた山本球場のほど近くで研鑽を積んだ選手たちが、甲子園のセンバツを制する。なかなか因縁めいたものを感じるといったら大げさだろうか。

また、山本球場のすぐ北西、川名山には一九二五（大正十四）年に中京商業のグラウンドができた。いまも中京大中京の校地になっており、戦前の夏の甲子園三連覇をはじめとする名門の歴史を支えてきたグラウンドである。

愛知県の高校球界には、「愛知私学四強」という言葉がある。中京大中京・東邦・享栄・愛工大名電の四校のことだ。このうち、愛工大名電を除く三校が、八事の町に深い縁がある。愛知県が日本有数の野球どころだとするならば、それこそ愛知の野球の強さを支えていたのが八事の町といっていい。

センバツ発祥の地、山本球場。その痕跡はすっかり消え失せてしまったが、名古屋郊外のレジャーランドに発するこの文教地区には、いまも野球王国・愛知の夢が息づいている。

元祖甲子園？
いえいえ、天皇賞の舞台です
鳴尾競馬場

聖地・甲子園を横目に

大阪梅田駅から、阪神電車の特急に乗って一〇分ちょっと。甲子園駅にやってきた。高架ホームの甲子園駅を降りて、南側の改札口を抜けると広大な駅前広場。その先には阪神高速の高架が横たわり、潜った先にあるのが――阪神甲子園球場だ。

阪神甲子園球場は、いうまでもなく阪神タイガースの本拠地にして高校野球の聖地である。阪神タイガースのグッズショップが駅前広場の多くを占めているなど、駅前風景はどちらかというとタイガース色が強い。しかし、はじまりは一〇〇年前の一九二四（大正十三）年、当時の中等野球のために建設された、つまりは高校野球のスタジアムだ。一〇〇年経ってタイガースが日本プロ野球屈指の人気球団になっても、春と夏の高校野球シーズンにはタイガースが甲子園球場を使うことはできない。やはり、何をどうやって斜めから見たところで、甲子園球場は高校野球の聖地なのだ。

けれど、今回の目的は、甲子園球場ではない。目指す先は、甲子園球場よりもずっと南にある。駅前の甲子園球場の脇を抜け、甲子園筋と呼ばれる大通りを南へと進んでゆく。

甲子園球場の賑わいを感じ取れるのは、実は駅前と球場周囲のごく狭い範囲に

甲子園駅から球場方面を見る

限られる。甲子園筋を歩いて甲子園歴史館やその向かいのららぽーと甲子園のエントランスあたりまでは、まだまだ聖地の空気感が漂っている。ところが、その先に進むと聖地どころか人の往来もやや少なくなって、賑わいすらも抑え気味。甲子園九番館という交差点を過ぎれば、もうまったく聖地の喧噪とは無縁の世界だ。歩いて一〇分とかからないところにあの大熱狂の震源地があるというにもかかわらず、むしろ静謐《せいひつ》一辺倒の町。完全なる閑静な住宅街である。

そう、実は甲子園という町は、阪神甲子園球場のあまりに大きな存在感に気を取られてしまうけれど、その本質は静かで住みやすい住宅地なのである。

甲子園球場周辺の住宅地の歴史は長い。大正時代、武庫川《むこがわ》支流の枝川や申川《さるがわ》を埋め立てて生まれた新開地。そこに甲子園球場と住宅地が造成された。〝甲子園〟と名の付く町は、甲子園球場の周辺から北は国道二号を越えてJR神戸線の甲子園口駅周辺、南は海沿いまで広範に及ぶ。その大半が住宅地だ。

甲子園球場の南側には、甲子園競輪場が置かれていた時代もあった。また、いまのららぽーとはかつて甲子園阪神パークという遊園地。ヒョウとライオンをかけ合わせた〝レオポン〟などという変わった動物が目玉であった。甲子園競輪場は二〇〇二（平成十四）年に、甲子園阪神パークは二〇〇三（平成十五）年に閉鎖され、前者は住宅地に、後者はららぽーと甲子園に変わっている。

しばらく歩くと住宅街が続く

ららぽーと甲子園

甲子園競輪場の跡地を中心にマンションもあるが、どちらかというとこの住宅地は大きな戸建て住宅が中心だ。右にも左にも、見渡す限りの住宅地。その中を、駅前から十五分は歩いただろうか。ようやく、甲子園筋はどん突きに。一九七五(昭和五十)年まで走っていた甲子園線という路面電車の終点もこのあたりだ。どん突きの向こうには、甲子園浜、つまり海が広がっている。

甲子園浜とそこに面する一帯は、浜甲子園運動公園という公園が整備されている。海辺で釣り糸を垂らす太公望もいれば、堤防をジョギングする人、また自転車で駆け抜ける人。幼い子どもを連れて散歩に来ているファミリーの姿もあった。甲子園の海辺は、甲子園の住宅地に暮らす人々の憩いの場なのだろう。

そんな海辺の土手の上から海とは反対を見下ろすと、そこには野球場があった。二面のグラウンドが重なり合う、小さな土だけのグラウンド。少年野球だろうか、子どもたちが必死に白球を追いかける。なんともまあ、のどかというか、心が洗われるというか。ここまでやってくれれば、甲子園球場にいるような虎の法被に身を包んだ荒くれのファンなどはまったくいるはずもない世界なのだ。

海沿いの公園を東に向かうと、鳴尾川が流れる。その対岸もまた、住宅地。武庫川団地の巨大な建物がずらりと並んでいるのが見える。公園の北側も、もちろん住宅地だ。浜甲団地通りという公園沿いの通りを北に分け入ってゆくと、はじ

公園に隣接する野球場

建物の向こうは海

めは真新しい戸建て住宅が建ち並ぶエリア。さらに北に入ると、昔ながらの団地の建物が見えてくる。一九六二（昭和三十七）年に造成された、浜甲子園団地だ。

戦後ＧＨＱに接収されて米軍のキャンプ地になっていた一帯を、接収解除後に団地に生まれ変わらせた。全棟鉄筋コンクリートの五階建て、総戸数は約四五〇〇戸に及ぶマンモス団地だ。いまでは古風にも感じられるいかにも団地然とした建物は、当時の人々にとっては夢の住まいだったのだろう。

こうした高度経済成長期に生まれた団地の多くは、時の流れとともに居住者の高齢化が進み、夢の住まいとはかけ離れた姿になってゆくケースが多い。しかし、浜甲子園団地はただそうなってゆくだけの道を選ばなかった。二〇〇〇（平成十二）年頃から、老朽化した団地の建て替えに着手したのだ。建て替えで古い団地から一戸建てや新しいマンションに姿を変えつつある、浜甲子園団地。新陳代謝の良さもまた、阪神間の真ん中に位置する甲子園の町の強みなのだろうか。

そんな生まれ変わりつつある団地の中を歩いていると、その真ん中にちょっとした公園のような緑地があった。その緑地に置かれているのがひとつの記念碑。「鳴尾競馬場跡」とある。そう、ここがようやくたどり着いた今回の目的地、鳴尾競馬場である。

団地の広場にある記念碑

甲子園球場もなかった頃に生まれた競馬場

鳴尾競馬場というと、むしろ脇役としてちらりと名前が登場するだけ、ということが多い。それは、「馬場の中に二面の野球場が作られ、そこで中等野球が行われた」というものだ。いわゆる鳴尾球場である。豊中グラウンドではじまった中等野球は、観客の増加によって仮設スタンドも設置できる鳴尾球場に舞台を移し、それでも手狭になって、一九二四（大正十三）年から新生のマンモススタンドを有する甲子園球場に移った……。高校野球の歴史を語る上で欠かせないエピソードだ。その中で、鳴尾競馬場の存在は舞台を提供した脇役に過ぎない。

しかし、鳴尾競馬場だってバカにはできない。阪神競馬場で行われている重賞レース・鳴尾記念の名にも刻まれる、歴史的にも実に大きな役割を果たしてきた競馬場なのである。

いったいどういう競馬場だったのか。

鳴尾競馬場が誕生したのは、まだ時代が明治だった一九〇七(明治四十)年十一月のことだ。この頃には、日清・日露戦争を経て、軍馬強化の必要性を痛感していた軍部の後押しもあって、全国各地に競馬を運営する競馬会が乱立していた。馬券の発売は、公然とは認めないが黙認するという、いわゆる〝馬券黙許〟の時代である。

鳴尾競馬場も、こうした競馬熱の中で誕生した。鳴尾競馬場で競馬を開くのは、同じ年に発足した関西競馬倶楽部だ。競馬場建設にあたって、当時の鳴尾村の地主二十六人から土地を賃借、また旧国道から競馬場までの道路の無償提供も鳴尾村に依頼している。それ以前はまったくの田園地帯だったところに、巨大な競馬場が現れた。競馬場以前と以後で、鳴尾村の農家は四八二戸から三六八戸に減っている。それだけ多くの農家が土地を明け渡した結果の競馬場でもあった。

ほぼ同時期には鳴尾競馬場から見て東側、鳴尾川の対岸にも競馬場があった。鳴尾競馬場は大阪財界が中心となって設立した競馬場だったが、対岸の競馬場は神戸財界が中心。主に速歩でのレースが行われることから、鳴尾速歩競馬場と名付けられた。ただ、鳴尾川を挟んで東と西にあったことから、それぞれ東浜競馬場、西浜競馬場と呼ばれることが多かったようだ。

鳴尾速歩競馬場は、鳴尾競馬場に遅れること一年、一九〇八(明治四十一）年に第一回の開催を迎えた。しかし、さすがにお隣同士で別の競馬場というのはあんばいが悪い。そこで、一九一〇(明治四十三)年に両者は合併。速歩競馬場は廃止され、鳴尾競馬場は阪神競馬場に改称している。

1948年撮影の航空写真。画面下、海岸から少し入ったあたりに鳴尾競馬場があった

この頃はまだ甲子園球場どころか、中等野球の全国大会もはじまっていない。もちろん甲子園駅もなく、その場所には枝川がとうとうと流れていた。そういう時代から、のちに甲子園と呼ばれる地域の一角に、競馬場が誕生したのである。

馬券禁止で経営難、頼った先が阪神電車

しかし、せっかく完成してレースがはじまった競馬場も、だんだんと風当たりが強くなってくる。当時は馬券黙許、つまり黙認する形で馬券が売られていたのだが、それが良くなかったようだ。競馬に熱中しすぎて身を持ち崩す人が相次いだのだとか。ヤクザがらみの八百長事件も相次いだであろうことも想像に難くない。ギャンブルというものに風当たりが強いのは、いつの時代も同じである。

そうして一九〇八（明治四十一年）十月、当時の第二次桂太郎内閣が、明確に馬券禁止を打ち出した。その後も軍馬育成という大義名分がある以上、競馬は続く。しかし、馬券という収益が期待できない上は、政府の補助金で糊口を凌ぐしかない。補助金競馬、言い換えれば競馬冬の時代のはじまりである。

冬の時代ではあったが、いまに続くビッグレースの萌芽も芽生えている。一九一〇（明治四十三）年、関西では初めてとなる天皇から賞品が下賜される帝室御賞典が開催されたのだ。日本レース倶楽部と東京競馬会に次ぐ全国でも三番目。帝室御賞典はのちに再編され、現在の天皇賞につながっている。

こうした栄誉はあったものの、基本的には厳しい時代が続く。一九一四（大正三）年には補助金が大

幅にカットされてしまう。それでも馬政局から毎年新馬二〇頭以上の購入を義務づけられており、補助金だけでは運営費を捻出するのも難しい。そうした中で、なんとか運営費に充てるべく、考え出されたのが競馬場の貸し出しであった。

たとえば、一九一一（明治四十四）年三月には、アメリカ人のマースによる飛行イベントが行われている。当時はまだ珍しかった飛行機が大空を舞う姿を見るべく多くの人が競馬場に集まった。その後もアート・スミスの曲芸飛行などのイベントが催され、飛行イベントは大正時代の鳴尾競馬場（阪神競馬場）の名物になっていった。

さらに、馬場内の広大なスペースを年間契約で貸し出して定期収入を得るアイデアも浮上する。実際に競馬場馬場内を借り受けたのが、阪神電鉄だ。阪神電鉄は一九一六（大正五）年に馬場内にトラックと二面の野球場を整備する。トラックは一周八〇〇メートルという、一般的な陸上競技場の倍サイズ。そして二面の野球場こそが、中等野球の舞台になった鳴尾球場である。

中等野球が豊中から鳴尾に舞台を移した背景には、開催期間を短縮したいという主催者（大阪朝日新聞社）の意向があったという。当時の出場校の滞在費は各校の自弁。つまり、会期が長引けば長引くほど出費がかさむ。そのため、できる限り短期集中で大会を終える必要があった。ちょうどそれに適していたのが、二面のグラウンドを持つ鳴尾球場だったというわけだ。

もしもの話をして恐縮だが、馬券禁止の時代がなければ、競馬場の馬場内を貸し出すことはなかっただろう。そうなれば、中等野球・高校野球の歴史もいまとは違うものになったはず。甲子園球場という聖地も生まれたかどうか。歴史というのは、意外なところで連動して進んでゆくのだ。

ともあれ、鳴尾球場での中等野球は、一九二三（大正十二）年まで続けられる。グラウンドには仮設のスタンドを設け、年を追うごとに増えてゆく観客を受け入れていた。しかし、一九二三（大正十二）年、決勝の甲陽中学と和歌山中学の試合中、収まりきれなかった観客がグラウンドになだれ込み、試合を一時中断する事態になっている。こうした状況を受けて、中等野球は翌年から甲子園球場に舞台を移すことになるのである。

そして、ちょうど鳴尾球場での最後の中等野球が行われた一九二三（大正十二）年、旧競馬法が成立し、馬券の発売が再開される。阪神電鉄からの賃貸収入はなくなっても、馬券が売れれば競馬は続く。一九二三（大正十二）年十一月二十四日から十二月二日まで、競馬法公布後のはじめての競馬開催が行われている。十五年ぶりとなる、〝馬券の売っている競馬〟だ。この競馬開催での売得金は、七八万一三六〇円に及んだという。

馬券の売り上げが確保できるから、設備の改修も進む。一九三四（昭和九）年までに、賃借していた競馬場用地の購入を済ませ、翌年からはスタンドを含めた大リニューアル。完成したスタンドは鉄骨鉄筋コンクリート六階建ての錚々《そうそう》たる建物で、一等・二等あわせて二万人ほどを収容できる大スタンドであった。このときのスタンドの一部はいまも残っており、武庫川女子大学付属中高の施設として使われている。

新スタンド竣工からもわかるように、この時期の鳴尾競馬場は絶好調。一九三二（昭和七）年には、日本で初めてＮＨＫラジオが全国中継を行った。一九三七（昭和十二）年に各地の競馬会が統合されて日本競馬会が成立すると、翌年には天皇賞や第一回の優駿牝馬（オークス）も行われている。この頃の鳴尾競馬場（阪神競馬場）は、全国一位の売り上げを誇っていたという。

海軍接収、戦後も連合軍に翻弄された阪神競馬

しかし、すでに戦争の時代が目前に迫っていた。

かつて対岸にあった鳴尾速歩競馬場は、閉鎖後にゴルフ場になっていた。それが川西飛行機に接収されて、軍需工場へ。川西飛行機では、海軍の紫電や紫電改といった戦闘機が製造されていた。そして、鳴尾競馬場にも白羽の矢が立つ。完成した飛行機のテスト用飛行場として、明け渡しを要求されたのだ。ときは一九四三（昭和十八）年。ご時世もご時世、海軍の求めを拒むことは不可能だった。それでも精一杯の抵抗、代替用地を海軍に用意してもらう確約を取り付けた。その場所は、阪急今津線沿線、小林駅近くの逆瀬川《さかせがわ》沿いだった。

本来ならば、すぐに鳴尾から小林に競馬場を移したいところ。しかし、もはや戦局も悪化し、競馬どころではなくなってしまい、終戦へ。海軍の飛行場となっていた鳴尾競馬場の跡地は、そのままＧＨＱに接収され、米軍のためのキャンプ地となった。戦争に翻弄され、この地から競馬場は姿を消したまま。競馬場跡地が返還後に団地となったのは、前にも書いたとおりだ。

海軍に追い出された形になってしまった阪神競馬場は、戦後もしばらくの間は腰を据えられなかった。逆瀬川沿いの代替地に施設の整備を進めていたが、終戦とともに大半の用地がGHQに接収され、将兵慰安のためのゴルフコースに転用されてしまったのだ。なんとか返還してくれないかと交渉したものの、そこは敗戦国の泣きどころ。GHQはテコでも動かず、それどころか完成していた調教コースまでゴルフ場に改修されてしまった。

そこで、逆瀬川沿いを諦めて新たな候補地を探す。候補地になったのは、奇しくも川西飛行機の宝塚工場の跡地だった。軍需工場の川西飛行機は終戦と同時に多くの工場を閉鎖しており、その土地が浮いていたのだ。そうして宝塚工場の跡地を取得して競馬場を新たに建設し、一九四九（昭和二十四）年から阪神競馬の開催にこぎ着けた。

その後も、何度か本来の予定地である逆瀬川沿いへの移転が試みられたようだが、実現することはなく、そのままいまの仁川《にがわ》駅近くの阪神競馬場に定着していった。前身たる鳴尾競馬

2021年撮影の航空写真。競馬場の痕跡はない

場の歴史は、一九五一（昭和二十六）年にはじまった重賞レース・鳴尾記念に残されている。

阪神間の海際に、まだ住宅地も甲子園球場もなかった時代に生まれた鳴尾競馬場。そこは、はじまりこそ全国に多数生まれた競馬場のひとつに過ぎなかったが、のちに阪神競馬場の前身という、大きな存在に育ってゆく。その背景には、阪神電車や阪急電車による阪神間の宅地開発、それに伴う人口増加があったことはまちがいない。多くの人がいれば、馬券もその分だけ売れて、収益を確保することができるからだ。阪神電鉄への貸し出しや飛行イベントの開催によって、馬券禁止時代を乗り越えることができたのも大きかっただろう。

戦争の時代には競馬場の明け渡しを余儀なくされ、戦後も移転先の確定もままならず。それでも、ようやく完成した阪神競馬場は現在も続いている。鳴尾記念はいまでは宝塚記念の前哨レースだ。

甲子園という、圧倒的なまでの存在感を放つ甲子園球場に支えられた町。けれど、その町は甲子園球場だけでなく、いくつもの歴史の積み重ねでいまを迎えているのである。

小倉到津球場

ベーブ・ルースがやってきた！

すべてはあの日米野球からはじまった

先だってのパリオリンピックもそうだったが、最近の日本はあらゆるスポーツにおいて、世界のトップで活躍するのが当たり前になっている。お家芸などと呼ばれ、一九六四（昭和三十九）年の東京オリンピックでメダルラッシュに沸いた柔道やレスリング、体操なども相変わらずの強豪ぶりだし、日本国内ではマイナー競技と呼ばれるような種目でもメダルを獲ったりするから、なかなかスゴい。

スポーツだけで語るのはいささか大げさだが、斜陽だなんだといわれて久しい日本も、まだまだ捨てたものではないような気がしてくる。

で、そんな日本のスポーツで、いちばんの〝お家芸〟というならば、やはり野球ではないかと思う。二〇二三（令和五）年のＷＢＣを思い出すまでもなく、日本が世界で堂々たるトップを張り続けているチームスポーツは、野球くらいなものだ。

だが、日本の野球が世界一の強豪になったのは、つい最近のお話にすぎない。

いまのプロ野球がはじまる前の一九三四（昭和九）年、ベーブ・ルースやルー・ゲーリックといったメジャーリーグのスーパースターが来日し、全日本チームとの日米野球に臨んでいる。十八試合戦って、結果は全日本の〇勝十八敗。全日本の見せ場は、静岡県の草薙球場で沢村栄治が一失点に抑える好投を見せたくらいだった。

ベーブ・ルースは十三本塁打三十三打点、打率は・四〇八の大当たり。というよりも、レベル差が大人と子ども以上に開いていたから、これくらい朝飯前だったのだろう。九十年前の日米の実力差は、あまりにも大きかった。

そんな一九三四（昭和九）年の日米野球だが、試合が行われたのは北は北海道の函館から南は九州、福岡県の小倉まで。文字通り日本全国を巡回して戦った。甲子園球場や神宮球場といった、いまにも続く伝統の野球場ももちろん会場になっている。それ以外では地方のいまはなき小球場も、スーパースター軍団が躍動する舞台になった。地方都市にあっては、世界的スター軍団の来訪にさぞかし沸き立ったに違いない。

そんな小さな、そしていまなき地方の野球場のひとつが、小《こ》倉《くら》到津《いとうづ》球場である。

小倉到津球場は、福岡県北九州市の中心市街地、小倉の市街地から南西に外れた郊外にあった。かつては球場の目の前にも西鉄北九州本線の路面電車が通っていたが、一九九二（平成四）年に廃止されている。だから、いま到津球場の跡地に向かおう

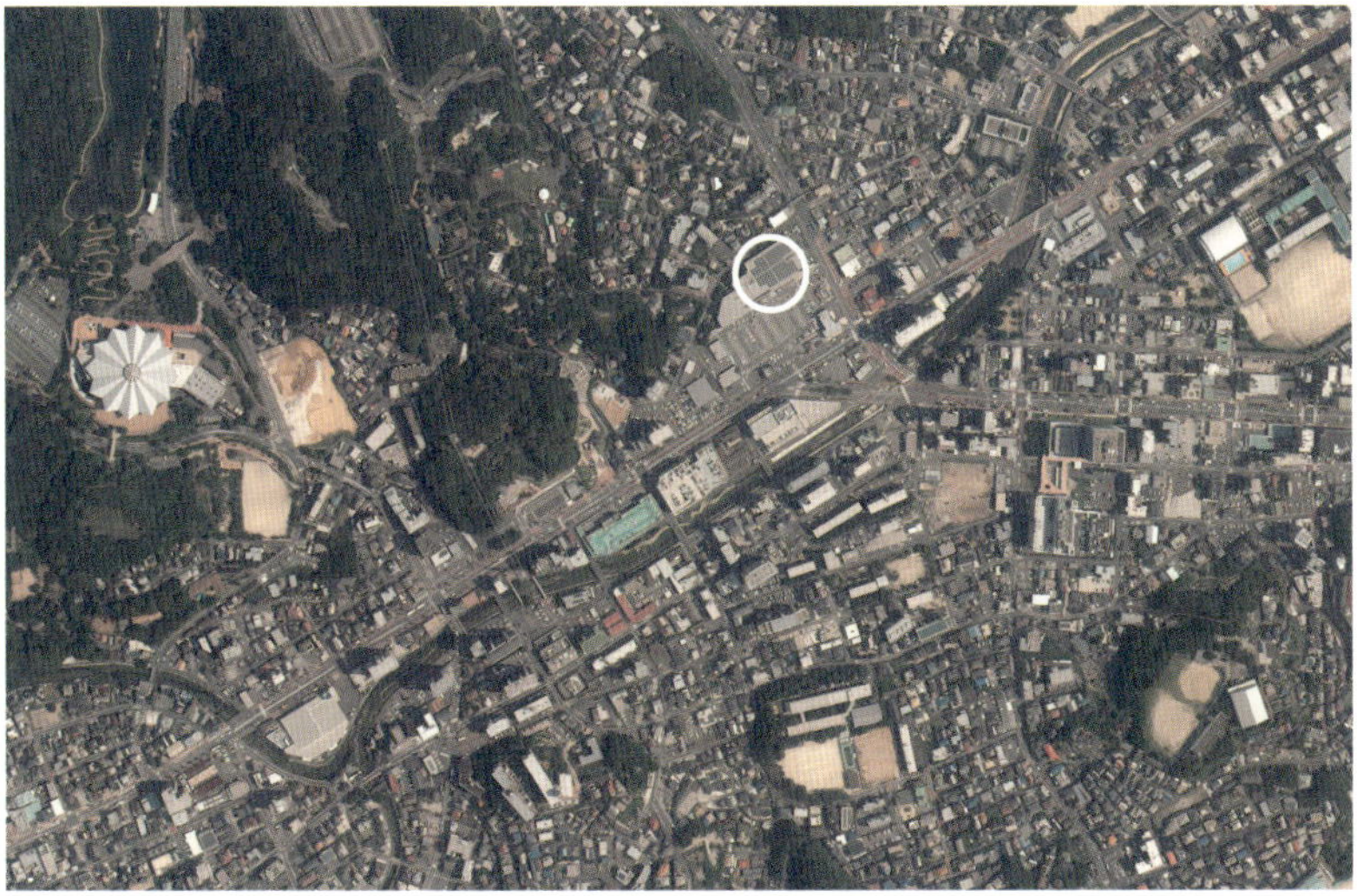

2023 年撮影の航空写真。中央の円あたりに小倉到津球場があった

とすれば、最寄りの日豊本線南小倉駅から歩くことになる（もちろん路線バスも使えます）。

日豊本線で小倉駅からふたつめの南小倉駅。住宅地の中のこの駅を降りて、少し線路沿いを北に歩いて国道三号に出たら、あとは左に折れてまっすぐ西に向かえば到津球場の跡地に着く。国道沿いにはマンションなども建っていて、教育機関も目立つ。端から見れば、武骨で殺伐とした工業都市のイメージが強い北九州市だが、その中にある文教地区、といったところだろうか。

このあたりが町として開けてきたのは、最近のことではない。むしろ、工業ゾーンと比べても歴史は古いといっていい。旧長崎街道、つまり江戸時代には日本で唯一西洋に開かれていた国際都市・長崎に向かう街道が通っていた町なのだ。

旧長崎街道は、北東から南西に向けて現在の国道三号を横切るように通っていた。いまも往時の道筋を追うことができる。南西に向かって、つまり到津球場跡地の方向に向かって旧長崎街道を辿ってゆくと、豊前と筑後の国境なども残っている。

もっと時計の針を巻き戻せば、奈良時代にもこの一帯が歴史の表舞台に登場している。聖武天皇の御代、藤原広嗣《ひろつぐ》が太宰府を拠点に反乱を起こした。この反乱の最終決戦が、到津の地。板櫃川《いたびつがわ》を挟んで朝廷軍と広嗣軍が向かい合い、広嗣軍

国道３号線

長崎街道

が敗れて敗走。捕縛、処刑されている。

到津には宿場町があったわけではないから、たいした規模ではなかろうが、それでも街道沿いにいくらかの町ができていたことは想像に難くない。明治に入ると旧長崎街道に並行して九州鉄道大蔵線（鹿児島本線の旧線）が通り、到津付近には鉄道官舎などが置かれている。一九一一（明治四十四）年に大蔵線は廃止されたものの、同年に西鉄（当時は九州電気軌道）北九州本線が開通、小倉郊外の町として発展していった。

本州から見れば、小倉は九州の玄関口にあたる。藤原広嗣の乱もしかり、到津を含む小倉一帯は、地政学的になかなか重要な地域だったのである。

そんな歴史の面影を感じながら国道三号を歩いて板櫃川を渡ると、典型的なロードサイド系の店舗群が見えてくる。ココスにフォルクス、ケンタッキーにくら寿司。おなじみのファミレスがずらりと揃い、交差点の角には紳士服のはるやまがある。その奥には、家電量販店のエディオンやスーパーのアルクを中心とした商業施設も見える。この「アクロスプラザいとうづ」と呼ばれる商業施設が、かつて小倉到津球場があった、つまりベーブ・ルースがその圧倒的な実力を披露した舞台であった。

商業施設に生まれ変わったいまとなっては、ほとんど球場跡の痕跡は残ってい

小倉到津球場記念碑

アクロスプラザいとうづ

ない。それでも、はるやまの入口近く、交差点の端っこに記念碑があった。「小倉到津球場跡地」と刻まれている記念碑には、一九三四（昭和九）年十一月二十六日の日米野球第十五戦のスターティングメンバーの名も記されている。九十年前の熱戦の記憶は、こうしていまに伝えられているのである。

「北九州の早慶戦」は到津球場を舞台に

小倉到津球場が誕生したのは、一九二四（大正十三）年だ。

プロ野球が誕生する以前の日本球界は、学生野球と実業団野球によって支えられていた。中でもいちばん人気があったのは大学野球だ。早稲田大学と慶應義塾大学による、いわゆる早慶戦は東京六大学野球のルーツでもあり、プロ野球人気が定着する以前は野球人気を支えていた存在といっていい。

そして、脇役ながら重要な役割を果たしていたのが実業団野球だ。現場で働く多くの従業員、つまり現業職を多く抱えている工場や鉄道といった業界では、職場ごとに野球部が設けられていた。現代風に言い換えれば、社員へのレクリエーションと一体感の醸成ということになろうか。野球というスポーツは、その役割を古くから果たしてきた。

とりわけ鉄道業界は野球との関わりが深く、日本で最初の日本人だけの野球チームは新橋駅構内の鉄道員たちのチームだったといわれるくらいだ。全国至るところまでネットワークを張り巡らせた鉄道は、野球の普及にも大いに貢献している。

一九一八（大正七）年創部の門司鉄道管理局野球部（現在はJR九州野球部）も、そうした〝鉄道系〟野球部のひとつだ。創部三年目の一九二一（大正十）年には日本中の鉄道管理局野球部が集う全国鉄道野球大会で優勝し、翌年も優勝して連覇を達成するなど、創部直後から急速に力をつけた。

その門鉄野球部のホームグラウンドになったのが、一九二四（大正十三）年に誕生した小倉到津球場だった。

ただし、到津球場そのものを建設・管理したのは国鉄ではなく、九州電気軌道である。北九州本線の沿線に人気の高まっていた野球場を建設することで、集客による増収を目論んだのだろうか。いずれにしても、到津球場を舞台に門鉄野球部は練習を重ね、さらに力をつけていくことになる。

一九二五（大正十四）年には、北九州において門鉄とライバル関係にあった八幡製鐵（のちの新日鉄八幡）野球部との間で、「製門戦」が行われた。到津球場を舞台に、実に一万人もの観客が集まったという。以後、製門戦は定期戦となる。門鉄のホームグラウンドだった到津球場と、八幡製鐵のホームグラウンド

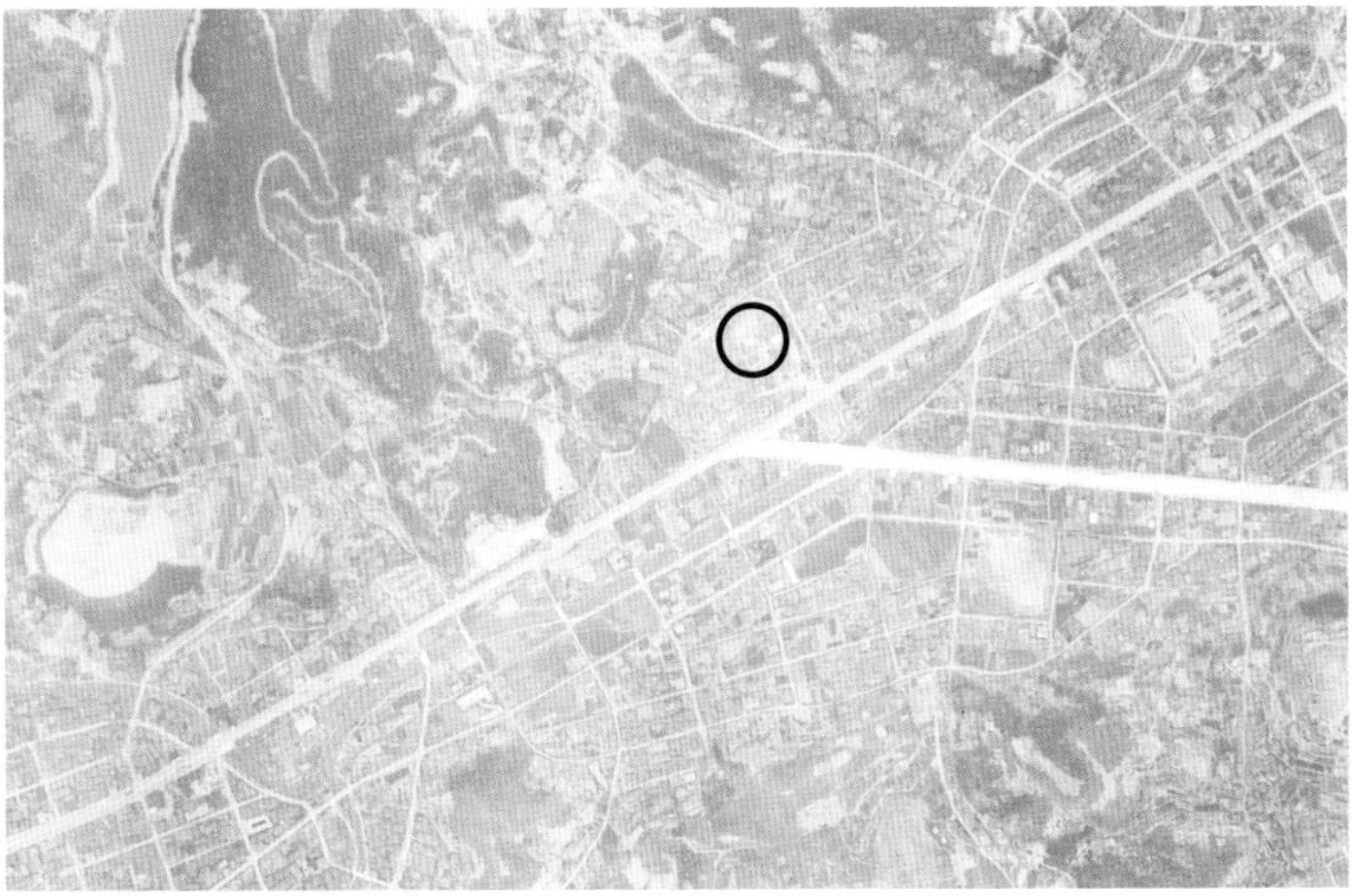

1948 年撮影の航空写真。中央の円あたりに小倉到津球場があったが戦中に取り壊された

の大谷球場を交互に使い、しのぎを削った。人呼んで、「北九州の早慶戦」。いささか大げさなきらいもあるが、それだけ人気を集めたのだろう。

「北九州の早慶戦」のおかげもあって、門鉄野球部と八幡製鐵野球部は、ともに全国的な強豪チームに成長してゆく。一九三六（昭和十一）年には門鉄が、翌一九三七（昭和十二）年には八幡製鐵が、それぞれ都市対抗野球を制している（北九州市はまだなく、それぞれ門司市・八幡市としての優勝）。

一九二七（昭和二）年にはじまった都市対抗野球で、優勝経験があったのは東京が四回、満州の大連市が三回、大阪市と神戸市が一回ずつ。その後も含め、戦前の都市対抗野球で優勝した地方都市は、門司市と八幡市を除くと他に朝鮮・京城府があるだけだ。このあたりからも、門鉄と八幡製鐵の強さがうかがえる。九州勢の連覇は、九州の野球ここにありと、全国に知らしめた快挙であった。到津球場は、その躍進を支えた野球場なのである。

そして、このような確かな実力を裏付けとした野球熱の高さが、到津球場が日米野球の舞台になった理由なのだろう。

ベーブ・ルースの予告ホームラン？

一九三四（昭和九）年の日米野球は、その年の秋に行われた。

第一戦は東京・神宮球場で行われ、以後函館・仙台で戦ってまた東京へ。いったん富山を挟んでから横浜・

静岡・名古屋・甲子園と少しずつ舞台を西に移していった。十一月二十三・二十四日には甲子園球場で戦い、そのまま両チームは夜行列車で九州に向かう。

まだこの頃には関門トンネルは通っていないから、夜行列車の終点は下関。朝に下関に到着したベーブ・ルースご一行は、連絡船に乗り継いで小倉にやってきた。到津球場に着いたのは、お昼前か。試合直後に夜行列車で移動してまたすぐ試合とはなかなかタフだが、それくらいでなければこの時代の野球選手は務まらなかったのだ。

製門戦という下地があった小倉では、海の向こうのドリームチームを迎えて大いに盛り上がっていた。駅や百貨店には歓迎の垂れ幕が掲げられ、ベーブ・ルースの博多人形まで作られた。なんでも、博多人形の世界では一級の職人が手がけたという。このあたりからも、野球人気が広く定着していたということがよくわかる。

しかし、試合当日はあいにくの雨模様。前日の夜から降り続いた雨で、グラウンド状態は最悪だった。もちろん人工芝ではないし、神ワザの阪神園芸さんもいない。半ばレジャー気分のトップスター軍団なのだから、余計なところで怪我などしたくないだろう。中止になってもおかしくない。

しかし、お昼頃にはすでにスタンドは満員になっていた。それを見て、コニー・マック監督は「これだけのお客さんが来てくれているのだから」と試合決行を決めたという。太っ腹でファン思いの素晴らしい監督さん。そう思いたくなるが、

日米野球のベーブ・ルース

実際のところは怪我しないように手を抜いてプレイしても問題ないという判断もあったのかもしれない。

結局、昼過ぎには雨も落ち着いて、十三時四十八分にプレイボール。ベーブ・ルースは観客から受け取った番傘をさして一塁の守備につき、ルー・ゲーリックは長靴を履いてグラウンドに立ったとか。まるで都市伝説のようなエピソードだが、番傘をさしたベーブ・ルースの写真が残っているのだから本当なのだろう。ショーマンシップというべきか、日本野球を舐めていたというべきか。いずれにしても、真剣勝負とはほど遠い。それくらい、圧倒的な実力差があったのだ。

試合ももちろん全米チームのペースで進む。

全日本の先発投手は浜崎真二。「小さな大投手」の異名を持ち、この年の日米野球ではチーム最多の七試合に登板した日本のエースだ。戦後、阪急や国鉄などで監督を務めている。阪急時代はプレイングマネージャーで、二〇一四（平成二十六）年に山本昌に抜かれるまで、最年長勝利投手記録を保持していた。

余談はともかく、その浜崎をして四回に三失点、六回にも一失点。そして七回、この試合最大の見せ場がやってくる。二人のランナーを置いて、打席にはベーブ・ルース。浜崎はコントロールが定まらず、ボールが先行する。スリーボールになったところでベーブは打席を外し、ライトスタンドを指さした。そして、次のボールは内角高めのストレート。バット一閃、打球はライトスタンドに突き刺さる。ベーブ・ルースの予告ホームランであった。

いささか伝説めいていて、ほんとうに予告ホームランだったかどうかはわからない。ただ、ここはまあ、野暮なことはいわずに予告ホームランだったということにしておいたほうが楽しいではないか。

そして、これは現実の話としてスゴいのは、到津球場の構造だ。到津球場は、レフトが八五メートル、ライトが一二五メートルという歪な形をしていた。だから、一二五メートルのライトにホームランを打つなど、当時の日本人のパワーではおよそ考えられなかった。それをベーブは、いとも簡単に。これまた伝説の域だが、スタンドを遥か越えて民家の屋根にぶち当たり、瓦を壊した、などともいわれている。真偽はともかくとして、ベーブ・ルースはそれだけ華のあるスーパースターだったのである。

ベーブ・ルースの野球場は戦時中に消滅

ベーブ・ルースご一行は、到津球場での試合が終わるとすぐに船で下関に戻り、山陽ホテルでの晩餐会に出席。すぐにまた、夜行列車に乗って次の試合の舞台である京都に向けて出発していった。体力も化け物級のスター軍団。それに付きわされた当時の日本人選手たちもまた、大変だったのではないかと思う。

いずれにしても、この年の日米野球がきっかけとなって、職業野球（プロ野球）発足の機運が高まってゆく。

同年、全日本チームを母体として大日本野球倶楽部（現在の読売ジャイアンツ）が発足。翌一九三五（昭和十）年には大阪野球倶楽部（現在の阪神タイガース）が発足する。そして一九三六（昭和十一）年に新設五球団を加えて日本職業野球連盟が設立される。いまに続く、プロ野球の始まりである。

こうして日本の野球が〝世界最強〟のいまに続く大きな一歩へと進んでゆくのに対し、到津球場はどうなったのだろうか。

到津球場は、それからも変わらず門鉄野球部のホームグラウンドとして使われ続けた。また、職業野球がスタートすると、その練習試合やオープン戦の舞台にもなっている。

たとえば、プロ野球発足の前年、一九三五（昭和十）年には、巨人軍が実業団の強豪・大連軍を相手に到津球場で試合を行い、沢村栄治が完投勝利を収めたという記録も残る。一九三六（昭和十一）年からしばらくはタイガースがシーズン前のキャンプ地としていたようで、オープン戦を多く戦っている。

しかし、到津球場でのオープン戦の記録は一九四一（昭和十六）年で途絶える。そしてこの年、太平洋戦争がはじまった。

実は、一九三四（昭和九）年の日米野球には、アメリカのスパイが参加していた。スパイといっても現役のメジャーリーガーで、ポジションはキャッチャーのモー・バーグ。東京市街地や関東近郊の写真を撮影して帰国し、それらが一九四二（昭和十七）年のドーリットル空襲の資料に使われている。日本中で熱狂を巻き起こしたスーパースター軍団の来日。しかし、その裏で、日米関係は悪化の一途を辿っていた。到津球場でのベーブ・ルースの予告ホームランは、戦争が目の前に迫った、そんな時代のできごとだったのである。

戦争がはじまると、到津球場はいつしか取り壊されて地図から消えた。跡地は国鉄の官舎となり、戦後も球場が復活することはなかった。そのまま官舎はＪＲ九州に引き継がれたのちに閉鎖されて売却。

二〇一二（平成二十四）年に商業施設「アクロスプラザいとうづ」に生まれ変わっている。

一九三四（昭和九）年の日米野球では、ベーブ・ルースの娘であるジュリアも父とともに来日しており、制服を着た日本の女学生を見て「キリッとして悪くありませんが、でももっと工夫しては」「日本では女学生に映画も見せない学校もあるとか。ほんとにお気の毒のようでもありますわ」などというコメントを残している。

それから九〇年が過ぎた。

日本人メジャーリーガーなどまったく珍しい存在ではなくなり、WBCではアメリカを上回る三度の優勝。世界最強の一角を成すほどに強くなった。女学生が制服を着ているのは変わらなくても、映画くらいは女子高校生でも気軽に見に行ける。日米関係も、町の様子も、そして野球の強さも。九〇年でずいぶんと変わったものだ。到津球場は、そんな歴史の一ページに確かに刻まれている。

東京湾に浮かぶ埋立地、「晴海」に夢を見た

晴海フラッグ

「選手村」から三年後の晴海の姿

東京、湾岸。隅田川河口近くに浮かぶ埋立地・晴海を訪れたのは、二〇二一（令和三）年七月以来だ。そのときの晴海は、オリンピック一色だった。

晴海の南西端に置かれた選手村の居住棟には、参加する各国の国旗が掲げられ、大型バスで選手団が出入りする。開幕直前だったから、選手村に入村する選手団か、それとも練習場と行き来していた選手たちか。近くにはボランティアの詰め所もあったようで、揃いのユニフォームに身を包んだボランティアの一団が歩いていた。

しかし、ご存知のとおり、東京オリンピックはふつうのオリンピックとはまったく違うものだった。新型コロナウイルスの流行によって開催を一年遅らせたが、それでも感染者数が増減を繰り返す状況は変わっていなかった。オリンピック直前、東京都を中心に感染者数が急増しており、七月十二日には東京都を対象に四度目の緊急事態宣言が発令されている（ちなみにオリンピック開催期間に重なる感染拡大は〝第五波〟。東京都では一日あたりの最大で六〇〇〇人近い感染者数が出ていた）。

そうした中でのオリンピック開催には反対の声も上がり、ごく一部を除いて無観客。選手たちは外部との接触を禁じられた〝バブル〟の中に閉じ込められた。とうぜん、選手村はバブルの中だ。もちろん、通常どおりの開催であっても、選手村には選手以外が入ることはできない。だから、通常のオリンピックと比べることはできないのだが、少なくとも当時の選手村、つまり晴海の町は、だいぶ物々しい雰囲気だったことをよく覚えている。

すぐ脇に中央清掃工場が建つ選手村の入口は、高いフェンスでガードされ、警察車両が何台も停まっていた。いちばん目立つところには警視庁の警察官。他にもあちこちに警察官が配置されていた。晴海の街中はもちろんのこと、晴海から勝どきや豊洲といった埋立地に通じる橋のたもとにも警察官。警視庁ばかりでなく、全国各地から応援でやってきたお巡りさんが灼熱の中で警備にあたっていた。緊急事態宣言のただ中ということも相まって、近くに林立するタワーマンションやその周辺にもひとけがなく、殺伐とした雰囲気の晴海の町であった。

それから三年。晴海の雰囲気はすっかり様変わりしていた。

晴海には、鉄道が通っていない。最も近い鉄道の駅は、都営地下鉄大江戸線の勝どき駅だ。勝どきは、江戸時代に生まれた佃島《つくだじま》から地続きで拡大された埋立地。明治時代に始まる隅田川河口から東京湾にかけての本格的な浚渫《しゅんせつ》事業によって、月島と勝どきは比較的早い段階に完成している。

いまの月島や勝どきは、タワーマンションが建ち並ぶ高層住宅地。そうした中にもところどころに下町風情の残る街並みもあったりして、東京の発展の足跡が感じられる街並みだ。

周辺には古くからの倉庫も残る

オリンピック開催時期の晴海

そんな勝どきから、少し東に歩いて黎明橋か黎明大橋を渡ると、晴海である。
晴海に至っても、タワーマンションが目立つのは変わらない。朝潮運河や晴海運河といった運河沿いを中心に、見上げるだけでも気が遠くなるような高さのマンションがずらり。いまの晴海のシンボルは、マンションに加えて大型商業施設やオフィスビルも兼ね備えたトリトンスクエアだろうか。

島の中央を貫く背骨のような大通りにはひっきりなしにクルマが行き交い、豊洲や勝どき、月島方面と連絡している環二通りもかなりの交通量。歩いている人や自転車に乗っている人の姿も目立ち、生活の場と働く場が混然となった、そうした町であることがうかがえる。

あのとき選手村があった南西側には、当時と変わらず中央清掃工場の煙突が立ち聳《そび》え、その脇には選手村居住棟と同じ姿の建物が並ぶ。いまはマンションになっている、その名も「HARUMI FLAG」(以下、晴海フラッグ)だ。オリンピックのときには高いフェンスで隔離されていたが、もちろんいまはそうしたものはない。

中央清掃工場の向かい側、晴海フラッグの入口にあたる角には、「Site of The TOKYO 2020」の文字。その下にはオリンピック・パラリンピックの選手村であることも書かれ、脇にはオリンピックとパラリンピックのロゴマークも残ってい

選手村のモニュメント

豊洲大橋と晴海フラッグなどのマンション群

る。実際の選手村のときからこの場所に置かれていたのだろうか。晴海フラッグが、オリンピックの「レガシー」であることを教えてくれる。

ただし、そうした事情を知らなければ、晴海フラッグは何の変哲もない（というほど安っぽくはないのだが）マンション群だ。同じく晴海に建ち聳える他のタワーマンションなどと何ら変わらないように感じられる。違いといえば、晴海フラッグは範囲が広く、域内に商業施設や小学校なども設けられていることくらいか。選手村跡地に生まれた新しい町、といったところだろう。

そんな晴海フラッグの中を歩く。「レガシー」を示すものは他にもあって、選手村内の案内サインが当時のままにいまも残されている。脇には「〝選手村レガシー〟として残しました」という説明書きもあった。

人通りが少ないのは、二〇二四（令和六）年四月の街開きから間もないからか。それとも、巷間でささやかれるように晴海フラッグの多くが〝投資物件〟と化していて、まだまだ入居している人が少ないからなのか。それでも、ときおりは小さな子どもを連れたお母さんが通ったり、ランドセル姿の小学生が駆けていたり、そんな場面にも出くわした。街開きから半年、すでに晴海フラッグでは、一定数の家族が暮らし、営みを築いている。

晴海フラッグの中を南西に抜けてゆくと、海沿いに晴海ふ頭公園が広がる。ゲー

晴海ふ頭公園

東京オリンピック当時の案内サイン

ト近くの駐輪場には何台も自転車が停まっていて、遊具の周りには遊んでいる子どもたちの姿も。広々とした公園内の広場には、「ＴＯＫＹＯ」のモニュメント。海の向こうにはいくつも大型船が並ぶ芝浦ふ頭が見え、その南側にはレインボーブリッジ。晴海フラッグは、レインボーブリッジが見える部屋の人気が高かったという。確かに、高いところからこの景色を見下ろせば、たまらない絶景に違いない。

晴海フラッグに戻り、海沿いを歩く。運河の対岸に見えるのは、豊洲市場だ。そのまま環二通りを超えて北に進むと、かつての晴海の面影を留める小さな倉庫街。晴海大橋の先は、再びタワーマンション群が迫ってくる。いまの晴海は、ほとんどがこうしたタワーマンション群によって形作られる町なのである。

戦後日本の経済成長を支えた東京港の一角に

晴海という町の歴史は、いつからはじまったのだろうか。

埋立地としての晴海は、月島四号地として一九二六（大正十五）年に着工し、一九二九（昭和四）年に完成した。「いつも晴れた海を望めるように」という思いを込めて「晴海」と名付けられたのは一九三七（昭和十二）年のことだ。東京

晴海からは豊洲市場も見える

運河沿いの風景

市庁舎や万博会場にする構想があったという。

しかし、こうした構想は戦争もあって実現していない。戦後しばらくまで、晴海は荒涼とした空き地ばかりが広がる埋立地だった。

実は、現在の東京港一帯が貿易港として形を成したのは比較的最近になってからだ。江戸時代には千石船などが入船する江戸の物流の拠点であったが、明治以降はそうした役割を横浜に譲ることになる。遠浅で大型船が入港しにくい地理的条件、また首都圏の物流のハブを担うことになった横浜商人と江戸商人の間での対立といった事情も関係していたという。

はじめて大型船が入港できるようになったのは、日の出桟橋だ。大型船が入れないことで関東大震災による救援・復興物資の輸送が滞ったことを受けて整備され、一九二六（大正十五）年に二〇〇〇トン級の船が入れる桟橋として完成した。

一九四一（昭和十六）年には正式に東京港が開港する。用途は大陸からの物資搬入に限定されており、多分に軍事目的の勝った港湾だったようだ。

つまり、戦前の東京港の役割は限定的で、本格的な東京港の開発は戦後になってから、というわけだ。一九四九（昭和二十四）年から各ふ頭の造成が始まり、一九五五（昭和三十）年に東京港で初めての貿易ふ頭として、晴海ふ頭が営業を開始している。

そして、一九五七（昭和三十二）年には鉄道も通った。東京都港湾局臨港線という貨物専用線である。東京港の貨物線は、まさに東京港の発展とともに歩んできた。最初の路線は日の出・芝浦から旧汐留貨物駅・旧芝浦駅を結ぶもの。戦後、晴海や豊洲の開発が進むと、越中島貨物駅をハブとして複数の路線が整備された。晴海には操車場に加えて運河沿いの倉庫群に直結する線路が敷設されている。セメントや小麦などの専用埠頭が設けられ、水揚げされた物資をそのまま鉄道で輸送できる体制が整えられていたのである。

こうした貨物線は、昭和四十年代には年間一七〇万トンほどを輸送し、高度経済成長の支えになった。しかし、昭和五十年代以降はコンテナ船やＲＯＲＯ船※が主力となり、晴海や豊洲の埠頭は役割を低下させてゆく。一九六七（昭和四十二）年には品川ふ頭が日本初のコンテナターミナルとして営業を開始し、一九七五（昭和五十）年には大井コンテナふ頭が完成。国際港としての東京港の中心は、徐々にそちらへと移っていった。

鉄道輸送から自動車輸送への転換もあって、晴海や豊洲の臨港線の取扱量は激減。一九八九（平成元）年をもって、東京港の貨物線はすべて姿を消している。

一方で、港湾施設が整ってゆくのと同時期に、晴海は住宅地

※ＲＯＲＯ船…貨物を積んだトラックやトレーラーが、そのまま自走して乗り込み運搬できる貨物用船舶のこと。

1975 年撮影の航空写真

としての側面も持ち始める。

一九五八(昭和三十三)年、公団住宅の晴海団地が完成する。「団地」というと昭和のイメージが強くなってしまっているが、晴海団地は高層棟も併せ持つ、当時最新鋭の住宅団地だった。いわば、タワーマンションのハシリといっていい。その後、佃や月島、勝どきにも生まれた臨海部のタワーマンション群は、晴海団地からはじまったのだ。住宅地としての晴海は、まさに夢の町であった。

晴海ふ頭に面する倉庫群、貨物の線路が伸びてきて、操車場にもたくさんの貨車が行き交う。それを見下ろす晴海団地では夢の暮らし。戦後の焼け野原から立ち上がり、驚異的な発展を見せる首都・東京の象徴のような町。それが、昭和の晴海だったのだ。

一九五五(昭和三十)年には第一回東京国際見本市が開かれている。晴海もその会場の一部になり、これをきっかけにして一九五九(昭和三十四)年に常設のコンベンションセンター・東京国際見本市会場がオープン。同年から東京モーターショーの会場となっている。ちなみに、一九六二(昭和三十七)年には「鉄道九〇周年記念・伸びゆく鉄道科学大博覧会」も行われている。このとき、国鉄は晴海に伸びていた貨物線を一時的に数百メートル延伸し、越中島経由で三〇両以上の現役鉄道車両を運び入れている。鉄道関係の展示会などはいまも開かれているが、実物車両がこれだけの規模で展示された例は他にない。もしもいま、同様のイベントが実現すれば、鉄道ファン垂涎のイベントになるに違いない。

東京国際見本市会場は、交通の便の悪さなどもあって、一九九六(平成八)年に東京ビッグサイトが完成すると閉鎖される。その跡地が中央清掃工場となり、また選手村、そして晴海フラッグに生まれ変わったのである。

「レガシー」とは何だったのか

晴海フラッグという、オリンピックのレガシーという一面も持つ〝新しい町〟は、どのようにして生まれることになったのだろうか。

東京国際見本市会場が閉鎖された後、跡地の活用にはさまざまなアイデアが出ていた。巨大なスペースがゆえにかえって再開発は難しい。一九九〇年代半ばは折しも長引く不況の真っ只中。民間も大規模な臨海部再開発に乗り出す余力は持ち合わせていなかったのだろう。

そうしたわけで、一時的にカー用品店やゲームセンターなどが営業していたこともあった。二〇〇一（平成十三）年には見本市会場跡地の一部に中央清掃工場が完成する。残った跡地の本格的な活用のアイデアが出たのは、その頃だった。

もうすっかり忘れられているけれど、東京は二〇一六（平成二十八）年のオリンピック誘致にも乗り出していた。最終的には二度目の投票で東京は脱落し、リオデジャネイロが開催地に決定するのだが、計画そのものは具体的。その中で、晴海はオリンピックスタジアムの建設予定地に挙げられていたのである。

……などと偉そうに書いたところで、筆者も調べてみて思い出した。晴海にオリンピックスタジアム。だいぶイケイケに過ぎる計画だ。のちにあれこれとミソをつけられた新国立競技場などと比べてもだいぶ大風呂敷だ。世論の反応などは覚えていないが、まだまだ日本は上り調子だと多くの国民が思っていた時代だったのかもしれない。

誘致に失敗して晴海のオリンピックスタジアム計画は白紙になるが、二〇二〇（令和二）年のオリンピックの誘致には成功する。

二〇二〇年大会は失敗を踏まえて既存の競技施設などを改修の上で活用する〝コンパクトさ〟を売りにしていた。結果的にはまったくコンパクトではなかったのだが。つまりは新しいオリンピックスタジアムを別の場所に建てる計画は霧消。そこで、晴海は選手村の建設地として白羽の矢が立った。

選手村は大会後には「レガシー」として活用するべく、三井不動産レジデンシャルなど民間十一社が担い手となる開発事業になる。このとき、選手村の用地一三・四ヘクタールは、十一社からなる企業グループに約一二九億円で売却された。坪単価は周辺の相場を大きく下回り、約二〇分の一のという試算もある。特定の業者を優遇するものではないかと批判の的になり、住民

2019 年の航空写真。オリンピック関連の施設は完成している

訴訟も提起されたほどだ。

ともあれ、のちに「晴海フラッグ」になる選手村は、オリンピック前年、二〇一九（令和元）年に完成した。そして、同時期には早くも晴海フラッグの購入希望者に対する販売抽選会が開かれている。

二〇一九（令和元）年八月五日に行われた抽選会では、第一期六〇〇戸が対象になった。応募者は、六〇〇戸に対して一五四三組。抽選会に来場したのは一三〇組以上だったという。平均倍率は二・五七倍だが、レインボーブリッジから東京タワーまで見通せる一億九六〇〇万円の部屋の倍率は、なんと七一倍に及んでいる。

晴海フラッグが人気を集めたいちばんの理由は、〝価格の安さ〟にあった。もともと相場と比べて極めて安い水準で払い下げられた公有地。開発を担った企業グループにも大きな利益が転がり込むが、それにしたって販売価格も周辺の相場と比べれば安くなる、というわけだ。

実際には一億円前後の価格帯が中心で、それほどさほどに激安だったというわけではない。また、実際に住むとなれば管理費や修繕積立金などで毎月五万円、また駐車場には三万円、つまり毎月八万円ほどがかかるという。一億円で購入し、ローン返済に加えて毎月八万円となれば、誰でも気軽にお買い求めください、とはいかないだろう。

それでも購入希望者が殺到した背景には、投資目的があったことはよく知られているところだ。第一期の販売抽選会では、四部屋申し込んで三部屋当選したという投資家もいたという。日本人だけでなく、中国人の不動産投資家も盛んに晴海フラッグを買い求めた。そうして売却された部屋は、引き渡しが始まる前から購入価格の倍ほどの金額で売りに出されている。

こうした経緯もあって、晴海フラッグは三井不動産をはじめとする企業グループの懐を潤し、さらに外国人不動産投資化にも大きな利潤をもたらした、とのそしりを受けることになってしまった。ちょうど東京の不動産価格が急騰していた時期と重なったことも、批判につながったのだろう。

こうしてあれこれのミソがつき、あげくにオリンピックの一年延期で晴海フラッグの引き渡し・街開きも一年延びた。かなり贔屓目《ひいきめ》に見ても、順調な滑り出しとは言い難い。

しかし、町の中にはすでに小学校も大型商業施設もオープンし、そこに住まう人々の営みははじまっている。二〇二五（令和七）年には、高層棟も完成予定だ。良いとか悪いとかではなくて、すでにひとつの町が歴史を刻み始めたのである。

そんな晴海フラッグの弱点は、交通の便だ。最寄りの都営大江戸線勝どき駅までは、歩いて二〇分ほどかかる。二〇二〇（令和二）年からは、新橋と晴海を結ぶ東京ＢＲＴ（バス高速輸送システム）の運行もはじまった。つまりは〝バスでアクセスするタワーマンション〟である。将来的には地下鉄を通す構想もあるが、そちらは完成が早くて二〇四〇年度。これを当て込むのは、あまり現実味がない。

それでも数億円で飛ぶように売れているのだから、外野がケチをつけるべき話ではないだろう。波乱の東京オリンピックのレガシーは、新たな夢の場所になったのである。

そんな晴海フラッグの歴史を、最後にもう一度さかのぼろう。

晴海フラッグの前身のまた前身、東京国際見本市会場。一九八一（昭和五十六）年、ここで初めてコミックマーケットが開かれた。その後、晴海は断続的にコミケの会場となって親しまれてきた。

その当時を振り返った同人誌『晴海回顧録 コミケット有明移転十五周年記念本』(二〇一一年)には、「敷地内に広がるコンクリートあるいはアスファルトの地面のみであった。この風景を一言で言うとするならば『虚しい』或いは『兵どもが夢の跡』と言うのが正しいのかもしれない……」とある。

そんなコミケもビッグサイトに舞台を移して三十年近い。

東京という町は、いかにも移り変わりが早すぎる。それは晴海のような臨海部ならなおのこと。夢を見て、それを叶えて次の夢へ。都市は人の欲望のままに変わり続ける。晴海フラッグが完成したとて、晴海の変化は留まることはなさそうだ。

キタグチからニシキタへ、
そこにあったブレーブス
西宮球場

見渡す限り田畑の中の、西宮球場

「見渡す限り冬枯れた田野が、球場を取りまいて西にも東にも拡がっていた。戦時中大阪神戸の主要な軍需工場は言い合わせたようにこの阪神間の広い平原地帯に疎開して来たのだが、それらの不思議に重量感を忘れた建物が、ここから見ると紙くずのように広い田野のあちこちに散らばっていた」

一九四九（昭和二十四）年の芥川賞を受賞した、井上靖『闘牛』の一節だ。作中では「阪神球場」となっているが、実在するものとしては西宮球場。一九四七（昭和二十二）年一月に新大阪新聞社の主催で行われた闘牛イベントをモデルに書かれたのが『闘牛』だった。そして冒頭の一節は、西宮球場のスタンド最上部から見た周辺の風景だ。そこにあるとおり、終戦直後の西宮球場周辺は、いまの都会的な市街地とはまったくほど遠い、田園地帯に過ぎなかった。

西宮球場の最寄り駅、西宮北口駅は一九二〇（大正九）年に開業した。そのときは阪神急行と名乗っており、後に阪急神戸線となる路線と同時の開業だった。

はじめから駅の名前は西宮北口。ただし、当時の兵庫県・西宮市はいまほど広くなく、西宮北口駅は瓦木村に位置していた。村の人々は瓦木駅と命名されることを期待したという。が、阪神間の寒村の名を取るほど阪急さんもお人好しではなかったようだ。将来的に西宮市の中心市街地への支線建設を視野に入れていたこともあって、西宮の北の玄関口、すなわち西宮北口駅と名付けられた。

開業時は神戸線だけの駅だった西宮北口駅にも、一九二一（大正十）年には宝塚方面から伸びてきた西宝線が乗り入れる。西宝線は一九二六（大正十五）年に今津駅まで延伸し、今津線に改称。このときに長らく西宮北口駅の名物になった平面交差、ダイヤモンドクロッシングが成立している。

西宮球場は、それからおよそ一〇年後の一九三七（昭和十二）年に完成している。東西南北、十字に線路が交差する西宮北口駅の南東側。そこに、西宮球場がそびえ立ったのである。

ただ、冒頭でもみたように、その頃の西宮北口駅は単に交通の要という以外の役割はほとんどなく、だいたいが田園地帯。駅の北側には甲風園という住宅地の整備が進みつつあったが、それくらいであとは田んぼと畑が広がるばかり。そうしたところに現れた西宮球場は、西宮北口の発展の第一歩といっていい。

そして、それから九〇年近く。いまの西宮北口の町は、まったく様変わりしている。

北東側には駅前に大きなビルが出迎えて、南東の球場跡は大型商業施設の阪急西宮ガーデンズに変わった。南西には兵庫県立芸術文化センターをはじめとする大型施設や巨大なマンションが建ち並ぶ。わずかに昔の面影を留めているのは、北西側一帯だろう。ごく小さな駅前広場と細い路地が行き交う商店街。そこを抜

南西側は芸術文化センターやマンションなど

阪急西宮北口

けると、いかにも阪急沿線らしい住宅地が広がっている。

ひと昔前まで、西宮北口駅周辺は〝キタグチ〟などと呼ばれていたという。それが、いまは〝ニシキタ〟と、いくらか洒落込んだ。昔ながらの住宅地とそれに付随する商店街。学生の利用も多いことから、学生街の一面も持つ。そうしたほどよい町並みが、かえって特別な価値を持つようになったことの表れだろうか。いずれにしても、西宮北口駅のどの方向に出ても、絶えることのない人通り。阪神間における、屈指の大ターミナルとして存在感を示している。いま、西宮北口駅は西宮市内で最もお客の多い駅である。

そして、こうした西宮北口駅周辺の歴史の中にあって、西宮球場は途中で現れ途中で消えた。この町は、いったいどのようにしていまの〝ニシキタ〟になったのだろうか。そして、西宮球場はその変遷にどのような役割を果たしたのだろうか。

かつての雰囲気を残す商店街

阪神への対抗心か、甲子園に近い西宮に新球場

いま、関西にあるプロ野球のチームはふたつだけだ。阪神タイガースとオリックスバファローズ。タイガースが西宮市の阪神甲子園球場に本拠地を置き、バファローズは大阪の京セラドームがホームスタジアム。兵庫と大阪にひとつずつだから、タイガースが事実上大阪のチームのような顔をしていること

を横に置けば、まあバランスが取れているといっていいだろう。

しかし、ほんの数十年もさかのぼれば、関西には四球団もの〝鉄道系〟プロ野球チームがひしめいていた。阪神タイガースの他には近鉄バファローズが藤井寺球場、南海ホークスが大阪球場、そして阪急ブレーブスが西宮。すべて、自社の沿線にホーム球場を持っていた。

関西四球団のうち、最も古いのはいうまでもなくタイガースだ。阪神タイガースは、現在の十二球団の中で、ジャイアンツに次ぐ古参球団である。そして、それに次ぐのが阪急ブレーブス。その後に両者に触発される形で近鉄や南海も参入する。

職業野球によって沿線の集客力を強化して、収益増加につなげたい。そうした意図があったことはまちがいない。戦前から戦後にかけて、他にも西鉄や東急といった私鉄も職業野球に参入しており、都市間輸送を一手に担う私鉄の黄金時代であった。

さて、肝心の阪急ブレーブスである。

いまでこそ、阪急と阪神は仲良しこよし、同じ企業グループに属している。正確な話をすれば、阪神電鉄が村上ファンドの餌食になりかけていたところを、ホワイトナイトとして阪急が救いの手を差し伸べて、結果として阪急阪神ホールディングスの傘下に入った。

ただ、かつては犬猿の仲というか、不倶戴天の敵というか、端的にいって仲が悪かった。ともに阪神間に路線を持つのだから無理からぬ話だ。

路線として先に開業したのは阪神電車だ。都市間交通、インターアーバンの先駆けなどと言われ、阪神間に新たな住宅都市を生み出した。後発の阪急は、キメ細かく停車する阪神に対してスピードで対抗。創業時の箕面《みのお》有馬電気軌道から阪神急行電鉄に改称したのは、〝阪神よりも速い〟ことをアピールせんがため。そのライバル心たるや、なかなかのものだ。

そんなライバル心が、黎明期の職業野球参入につながった。

一九三五（昭和十）年、甲子園球場を持つ阪神が読売新聞社の勧誘を受けてタイガースを設立。欧米視察の途上にあった阪急総帥の小林一三は、それを耳にするやいなや電報を打ったという。直ちに球団設立、そして新球場の建設を——。

かくして一九三六（昭和十一）年一月、小林一三の鶴の一声で大阪阪急野球協会が設立される。阪急ブレーブスの誕生であった。

当初は宝塚にあった宝塚運動場（豊中グラウンドの後継にあたる）を本拠地としていたが、職業野球の本拠地とするにはいささか設備が不充分。そこで、小林一三の指示のとおり、西宮北口に新球場を建設することになったのである。

当時の西宮北口駅は、まだ西宮市ではなく瓦木村にあった。それでも、西宮市内の甲子園球場とは目と鼻の先。そんなところに新球場を作ることなどハイリスク、といった批判も阪急の社内にはあったようだ。そもそも職業野球だって将来の繁栄が約束されていたわけではない。当時の野球人気は学生野球に支えられており、職業野球はいわば〝色モノ〟に過ぎなかった。

ただ、ワンマンの小林の指令ならば致し方なし。甲子園球場のすぐ近くに新球場を建設したのも、小林の阪神に対するライバル意識がゆえだったのだろうか。

新球場は、メジャーリーグのシカゴ・カブスの本拠地であった、リグレー・フィールドを参考にして設計された。国内の野球場では初めて二層式の観客席が採用されている。収容人員は五万五〇〇〇人。当時の甲子園球場と比べると小規模だが、スタンドの傾斜の焦点をホームベース付近にするなど、見やすさを追求した球場だった。〝見やすさ〟においては甲子園に優るものを作れというのが、小林一三の指示だった。当初は甲子園同様にスタンドは銀傘で覆われていたが、戦時中の金属供出で失われてそのまま復活しなかった。

一九三六（昭和十一）年十二月に着工、翌一九三七（昭和十二）年五月一日に西宮球場は開場した。この間、西宮北口周辺にはすでに市街地が形作られはじめている。北西側には甲風園の開発が進み、一九三三（昭和八）年にはそれに付随するように商店街が誕生した。西宮球場の開場は、そうした町の発展に弾みをつけたのである。

闘牛に大相撲、そして西宮競輪も

こうして阪急ブレーブスの本拠地として誕生した西宮球場であったが、その道程は決して平坦なものではなかった。

甲子園球場が高校野球の聖地、そして阪神タイガースの本拠地として順調に歩んだのと比べれば、西宮球場の歴史はむしろ波乱万丈紆余曲折、どちらかというと苦労の多い道のりだったといっていい。

そもそも、西宮球場は最初から野球以外のイベントでも使用することを想定していたという。その点では、〝多目的スタジアム〟のハシリとでも言うべきか。実態としては、ブレーブスの試合だけでは採算が見込めなかったという事情もありそうだ。

野球以外のイベントのひとつが、戦後まもない時期に行われた冒頭の闘牛イベントだ。わざわざ本場の宇和島から牛を連れてきて、三日間にわたって開催された。他にも戦前からあらゆるイベントが目白押し。たとえば一九三八（昭和十三）年六月には、グラウンド内に土俵を設置して大相撲関西場所が行われている。

関西場所は本場所とは異なる〝準場所〟だったが、グラウンド内にも客席を設けて（いまでいう〝アリーナ席〟だ）集まったお客は三万人。目玉は連勝記録が注目されていた双葉山だ。準場所なので公式記録ではないものの、三日目に九州山に敗れて連勝が止まっている。

他にも野外音楽イベントも毎年行われたし、戦時色が濃くなってからは大東亜博覧会や国防科学博覧会、決戦航空博覧会といったイベントが続けられた。

戦争が終わるとムードは一変し、一九五〇（昭和二十五）年にはアメリカ博覧会などというイベントも行われている。鬼畜米英からわずか数年で、実に変わり身の早いものだと思ってしまうが、そういう時代だったというだけのことである。一九五四（昭和二十九）年には、宝塚ページェントという宝塚歌劇団総出演のイベントも行われている。

そして、一九四九（昭和二十四）年からは、むしろブレーブスよりも長くこの球場を使うことになる、西宮競輪がスタートする。球場内に仮設のバンクを設け、当初は一周三〇〇メートル、のちに改修されて三三三・三メートルの競輪場。野球場の中という制約からほとんど円形に近く、直線コースが短いことが大きな特徴だった。おかげで、「ルーレットバンク」などと揶揄されたこともあったが、ブレーブスの客入りが低迷する中にあって、西宮球場の稼ぎ頭になっていった。西宮競輪の開催時、その入場者数はブレーブスの試合よりも多かったというから、本末転倒とはこのことである。

戦後の野球は西宮からプレイボール

もちろん、野球においても幾多の名場面を生んでいる。

一九四六（昭和二十一）年。戦時中は中断していた中等野球とプロ野球、どちらも復活の球音は西宮から鳴り響く。まずは三月二十一日、プロ野球から。西宮球場に全球団が揃い、大毎杯というオープン戦が行われた。公式戦再開の前座のような試合だったが、観客は満員。思う存分野球を楽しめる平和な時代への期待が集まった。

そしてこの年の夏、終戦からちょうど一年後の八月十五日には、中等野球（夏の甲子園）が西宮で復活した。当時、甲子園球場はＧＨＱの接収下にあって、やむなく西宮球場を舞台にしたのだ。ちなみに、〝甲子園の土〟を持ち帰る風習はこのときからはじまったという説があるらしい。最初に持ち帰ったのは、甲子園ではなく西宮の土だった、というわけだ。

もうひとつ余談だが、西宮球場はその後も何度か甲子園球場と高校野球を共同開催している。参加校が増えた記念大会で、日程消化を急ぐため。夏の酷暑と絡めた議論では、高校野球は甲子園球場でなければならないと伝統を盾に主張する向きがあるが、意外と伝統というのは柔軟なのだ。

話を元に戻そう。肝心の阪急ブレーブス。設立当初は低迷するが、一九六七（昭和四十二）年に初優勝を飾ると、パ・リーグを代表する強豪チームになってゆく。初優勝からは三連覇。一年おいてまた連覇。一九七五（昭和五十）年に悲願の日本シリーズ制覇を成し遂げると、ここから三年続けて日本一に輝いた。立役者は、山田久志に福本豊。球史を彩る伝説の選手たちが、西宮球場を舞台に躍動した。一九七一（昭和四十六）年のオールスターで当時阪神の江夏豊が伝説の九者連続奪三振を達成したのも、西宮球場だった。

阪急ブレーブスとしての最後の優勝は、一九八四（昭和五十九年）だ。優勝を決めたのは藤井寺球場での近鉄戦だったが、

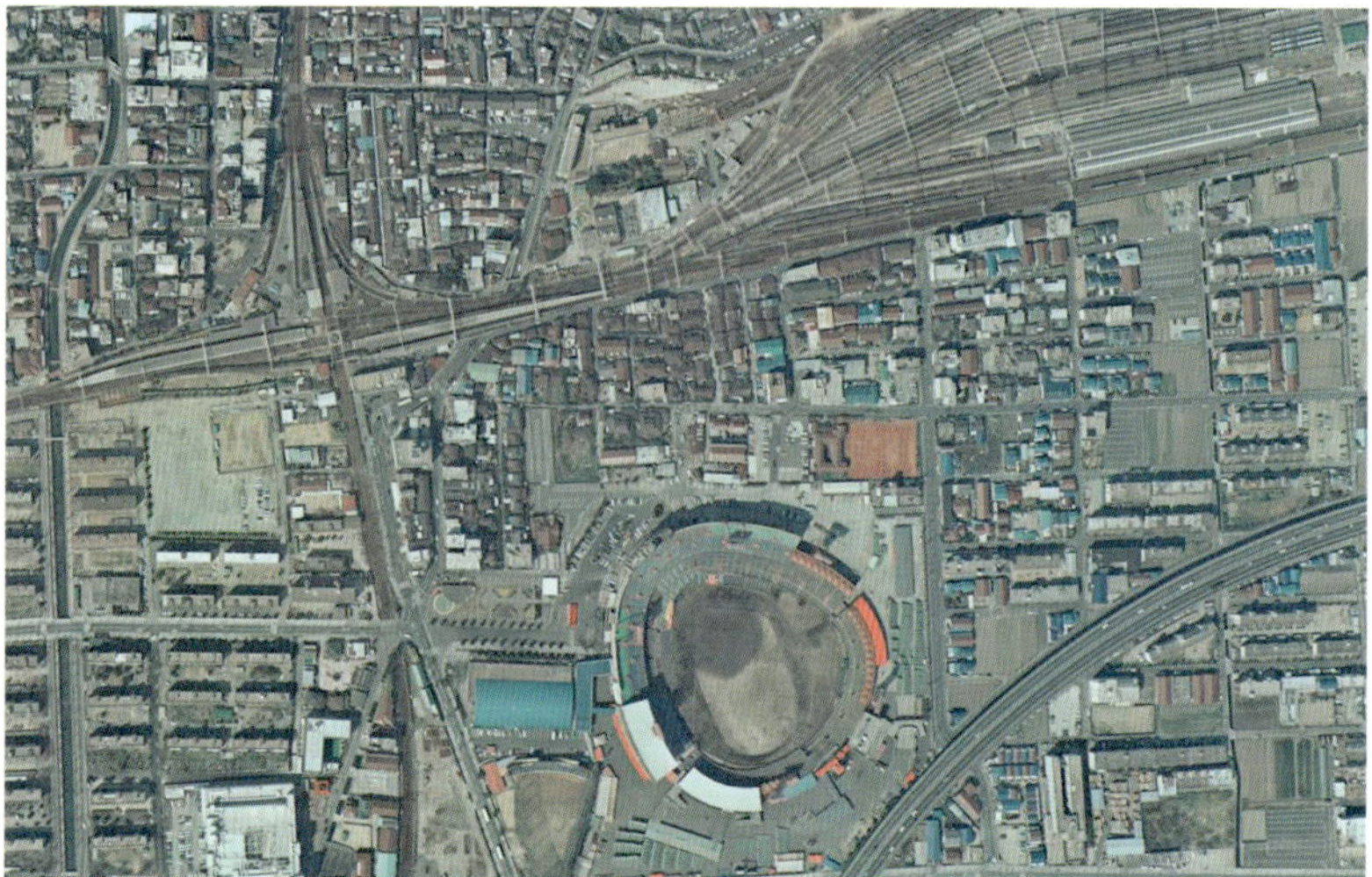

1975 年の航空写真。当時は阪急ブレーブスの黄金期

試合後に西宮に移動して祝勝会。ファンも参加してビールかけが行われたという。古き良き、昭和のパ・リーグであった。

しかし、いくらブレーブスが強くても、西宮球場の客入りは振るわなかった。猫も杓子も巨人になびき、そのライバルとして持ち上げられたのは阪神タイガース。その甲子園球場が目と鼻の先にあったのだから、西宮球場も自分で撒いたタネとはいえ、不遇であった。

そして、一九八八（昭和六十三）年十月十九日がやってくる。川崎球場では近鉄とロッテが伝説の一〇・一九を戦っていたその裏で、阪急ブレーブスのオリックス（当時はオリエント・リース）への身売りが発表されたのだ。

小林一三は、「私が死んでもタカラヅカとブレーブスだけは売るな」と言い残したという。それほど思い入れのあったブレーブスだったが、一九八〇年代にはブレーブスは宝塚歌劇団ともども大赤字。阪急グループの二大お荷物などと言われる始末だった。そうした事情もあって、再建の可能性が見いだせる歌劇団だけを残し、ブレーブスは阪急からオリックスの手に移ること

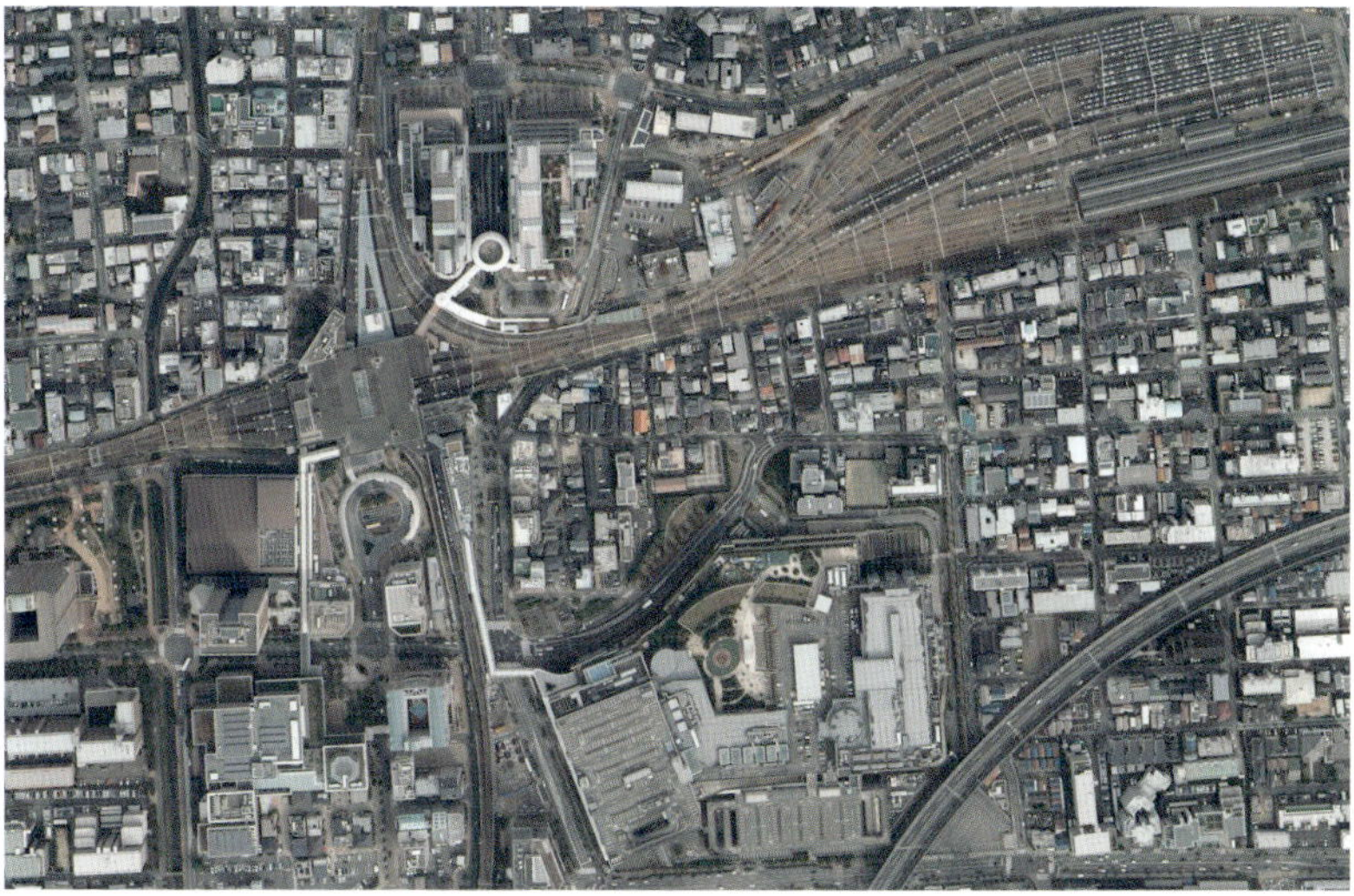
2021年の航空写真。球場があった痕跡はほとんどない

になったのである。

　オリックスに身売りをしてからも、しばらくは西宮球場が本拠地として使われていた。しかし、阪急色を弱めたいという意図があったのか、競輪優先に不満があったのか、はたまた新生球団として〝昭和のパ・リーグ〟から脱却したかったのか。一九九一（平成三）年から、オリックスは本拠地をグリーンスタジアム神戸に移し、西宮球場から去ることになった。

　一九九五（平成五）年一月十七日、阪神・淡路大震災。西宮球場そのものは大きな被害を受けず、震災直後は避難所となり、その後は自衛隊の救助活動の拠点になった。

　震災では、西宮北口一帯が大きな被害を受けている。北口一帯にひしめいていた戦前からの商店街や木造住宅は、半分以上が倒壊してしまう。西宮北口は、ブレーブスというシンボルのような球団を失い、町も震災で壊滅状態に。否応なく、町は生まれ変わることを余儀なくされたのである。

〝昭和のパ・リーグ〟の面影はどこへ

　改めて、いまの西宮北口駅を歩こう。

　名物のダイヤモンドクロッシングは、阪急ブレーブス最後の優勝と同じ年、一九八四（昭和五十九）年に解消された。一九八七（昭和六十二）年にはいまの橋上駅舎も完成している。

　そして、ブレーブスの移転と阪神・淡路大震災を経て、町はすっかり変わっていった。〝キタグチ〟から〝ニシキタ〟になったのは、震災以後のことだ。駅の北東に建つアクタ西宮という商業ビルは、もともとの古い昭和の商店街が姿を変えたものといっていい。古い商店街が震災で倒壊すると、一九九七（平成九）年にはプレハブ三階建ての「ポンテリカ北口」として復活する（この名は〝仮店舗〟を逆さ読みしたものだ）。それがさらに発展し、二〇〇一（平成十三）年にはアクタ西宮になった。

駅の南西には、二〇〇五（平成十七）年に県立芸術文化センターが現れた。ブレーブスが身売りしたころには、ドーム球技場建設計画などもささやかれていたが、〝文化都市〟としての一面を強化する方針になったのだろう。周囲には、大型マンションが次々と建つようになり、住宅都市にもなってゆく。

西宮球場があった南東側はどうだろう。西宮球場は、オリックスが神戸に移転してからも細々と使われ続け、二〇〇二（平成十四）年に西宮競輪が開催を終える。同年八月のＳＭＡＰのコンサートは、この球場での最後の音楽イベントになった。

そして、同年十二月三十一日、西宮球場は歴史に幕を下ろす。二〇〇四（平成十六）年から解体工事もはじまって、翌年夏に跡形もなくなった。跡地に阪急西宮ガーデンズが開業したのは、二〇〇八（平成二十）年十一月二十六日だ。阪急百貨店を核として、専門店は二六〇超。西日本最大級の大型商業施設であった。

敷地内には、かつて西宮球場があったことを伝えるメモリアルスポットが設けられている。中には、

アクタ西宮

球場で使われていたホームベースが展示されているスペースもある。ただ、それらを除くと、ほとんどが西宮球場時代の面影は消え失せているといっていい。

すっかり〝阪急らしさ〟に満ち満ちているいまの西宮北口だが、よくよく考えればそれと昭和のパ・リーグの阪急ブレーブス、はたまたその本拠地で行われていた西宮競輪とは、まったく似つかわしくないものだ。競輪場にやってくるお客は、昼間からカップ酒をあおり、車券で負ければ毒を吐く。およそ阪急らしからぬ、そんな世界が広がっていた。

ブレーブスが去り、震災を経験して西宮球場が消えて、そうした阪急らしくない空気は、すっかり一掃された。いまの西宮北口は、〝ニシキタ〟などと呼ばれる老若男女が集う賑やかな町。「住みたい街ランキング」の類いでも、〝ニシキタ〟は上位の常連だ。いまの西宮北口駅は、阪急電車を象徴するターミナルのひとつになっている。

そして、関西にいま残っているプロ野球チームは、阪神タイガースとオリックスバファローズだけになった。私鉄系の球団はほとんどが姿を消し、阪神の他には西武ライオンズがあるだけだ。近鉄が長く使っていた藤井寺球場は私立の中学・高校に生まれ変わり、日生球場は商業施設になった。難波の超一等地にあった南海ホークスの大阪球場も、いまではなんばパークスという巨大なショッピングモールだ。

昭和が終わり、平成から令和へ。その三十年ほどのうちに、「昭和のパ・リーグ」はまったく歴史の彼方に消え去ってしまったのである。

東京湾岸〝夢の国〟ことはじめ
船橋ヘルスセンター

ららぽーとにIKEA、タワーマンション

京葉線に乗って、東京駅から約二十分。南船橋駅は、夢の国への玄関口である。

京葉線で夢の国といったら、南船橋というよりは舞浜だろう、というご指摘が聞こえてくる。もちろん、舞浜駅前のディズニーランドにディズニーシー、衆目の一致する夢の国だ。

しかし、である。一九八三（昭和五十八）年に東京ディズニーランドが開業するよりもっと前、昭和三十年代から、南船橋には夢の世界が広がっていた。もっといえば、ファンタジーではなく庶民の夢が形になってそこに現れていた。その頃にはまだ京葉線や南船橋駅は姿形もない。京葉線に並行している東関東自動車道が開通したのも、ずっと後のことだ。そんな時代から、南船橋の町（駅がない時代も含めて、ここではこう表現させていただきます）は、人々の夢を乗せて発展してきたのである。

詳しい話をする前に、まずはいまの南船橋駅を訪れてみたい。

2021 年の南船橋駅前の風景

南船橋駅には、数年前にも来たことがある。そのとき、駅を降りて目にしたのは草むす空き地だった。

好き放題に草が生い茂るほったらかしの空き地と、その向こうに黄色と青のカラーリングが印象的なＩＫＥＡの店舗。昔ながらの団地群と現代的な大型マンションが並び、手前に空き地というなんともいえないコントラストが、南船橋駅前の風景だった。何も知らずにこの町にやってきたら、再開発が途中で頓挫した中途半端な町といったような感想を抱いてしまう。

ところが、改めて久しぶりに訪れた南船橋駅前は、まったく一変していた。

空き地だった駅前の一角には、「ららテラスＴＯＫＹＯ－ＢＡＹ」という商業施設が建っていた。二〇二三（令和五）年十一月に開業したばかりの、真新しい商業施設だ。駅前広場もキレイに整備されていて、ほったらかしの空き地の面影は消え失せている。

いまも変化が続く南船橋駅を取り巻く一帯で、いちばん最初に地図上に現れた施設は船橋競馬場である。駅の北側、東関東自動車道の高架をくぐった先、ららぽーとにつながる歩道橋の上からも、競馬場の馬場が見える。ときには風に乗って馬の匂いが漂ってくるのだろうか。船橋競馬場は一九五〇（昭和二十五）年八月に誕生している。

東関東自動車道の高架下歩道橋

ららテラス TOKYO-BAY

船橋競馬場は、もともと柏市内（柏駅の西側）にあった競馬場が移転してきたものだ。戦前から競馬が行われていた柏競馬場の閉鎖が決まると、移転先として白羽の矢が立ったのが船橋の沿岸部。京成本線の南側に、昭和のはじめに埋め立てられたものの、特に利用されないままに放置されていた広大な空き地があった。

なお、競馬場の建設は、すでに川崎競馬場を建設・保有していた川崎競馬倶楽部に託されている。川崎競馬倶楽部とは、読売新聞の総帥・正力松太郎によって興された会社だ。株式会社よみうりランドの名前になっていまも存続、川崎競馬場や船橋競馬場の管理を担っている。

正力松太郎、つまり読売グループと千葉の船橋。いったいどんな縁があるのかと思ってしまうが、実は読売グループと京成電鉄は深い関係にあった。正力松太郎が京成に出向して総務部長を務めていたことがあるし（このときに疑獄事件が起きて、正力も逮捕されている）、プロ野球の読売ジャイアンツも発足時には京成が筆頭株主だったくらいだ。ちなみに、南船橋駅すぐ近く、谷津遊園跡地の公園には、「読売巨人軍発祥の地」の碑がある。沢村栄治ら創設メンバーがはじめて集まって練習を行ったのが、この場所だったという。

ともあれ、昭和初期に埋め立てられていた空き地に船橋競馬場が築かれ、

船橋競馬場

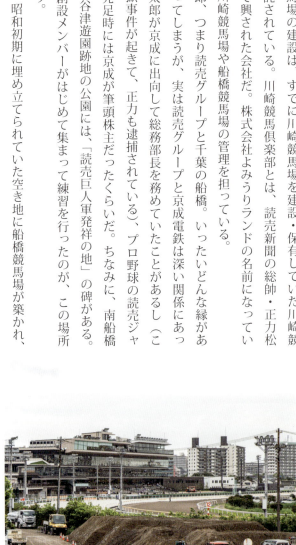

一九五〇（昭和二十五）年八月から競馬の開催がスタートする。これが、南船橋が夢の町になる、その第一歩であった。

さらに、同年の十月には馬場内にオートレース場も設けられている。オートレースと競馬の併用というのはなかなか変わっているが、実はオートレースの発祥もこの船橋競馬場内のコースからはじまった。

この時代、庶民の娯楽といえば「飲む・打つ・買う」。およそ女性を排除したような世界だが、少なくとも戦後間もない時期まではそうだった。"打つ"、つまり公営競技は、戦後復興に莫大な資金を要する全国の自治体にとっても大きな助けになった一面もあるわけで、一概に否定することも難しい。

埋立地に生まれた庶民にとっての娯楽の殿堂

ちょうど同じ頃、庶民の娯楽が「飲む・打つ・買う」から脱することになる、新時代に向けた動きがすでに進んでいた。船橋市の沖合埋立事業である。

千葉市方面では、すでに盛んに埋立事業が行われ、結果としてそれらは京葉工業地帯として発展してゆくことになる。船橋でも、沖合の埋立によってさらなる都市としての発展を目論んだ。一九五二（昭和二十七）年、調査によって埋立予定地でのガス田の掘削に成功する。はじめ、千葉県や船橋市はその天然ガスを活用して工場を誘致することを考えていたようだ。しかし、結果として工場の誘致はうまくいかず、ガスと同時に湧出したぬるま湯を用いる方針に転じる。ぬるま湯を温めて温泉とし、海沿いに温泉郷を開くことにしたのである。

いまでこそ、温度はともかく深く掘り下げればたいていの場所で温泉が湧き出ることはよく知られており、それを活かして日本中に温泉がある。スーパー銭湯もしかり、天然温泉付きビジネスホテルもしかり。だが、南船橋の場合は昭和二十年代というご時世だ。湧き出たぬるま湯を使って温泉を開くなど、実にけったいな夢物語と捉えられたに違いない。

そんな夢物語のような事業を請け負ったのが、実業家の丹沢善利だ。丹沢は、温泉レジャー施設の建設を条件として、船橋沖合の埋立の権利を取得する。千葉県内外の政財界の協力も得た、一大プロジェクトのスタートだった。

とはいえ、「飲む・打つ・買う」の時代である。温泉を核としたレジャー施設などと言われると、この時代の人々はいわゆる歓楽街、もっといえば赤線・青線の類いを思い浮かべた。手っ取り早く人を集めて賑わいを生み出そうとするならば、青線地帯とするのもありえない選択肢ではなかった。

けれど、丹沢はそれを良しとはしなかった。行政のバックアップを受けた事業だったから、というのも間違いはなかろう。それでも、そこには丹沢の確固たる意思があったようだ。

丹沢は、埋立地に生まれる温泉施設を、老若男女、大衆誰もが楽しめるレジャー施設にしようと考えていた。おじいちゃんとおばあちゃん、そして親子。誰もが財布の心配をすることもなく、気兼ねなく一日を楽しめる。「飲む・打つ・買う」の時代から、大衆レジャーの時代へ。戦争が終わって十年ほど、新時代の娯楽がここからはじまった。一九五五（昭和三十）年、埋立地の上に船橋ヘルスセンターがオープンしたのである。

当時の船橋ヘルスセンターの入場料は大人一二〇円、小人七〇円。これだけ払えば、一日中館内でくつろぐことができ、複数設けられた温泉にも入り放題だった。映画館の入館料が一五〇円という時代だから、破格の安さといっていい。

さらに特徴的なのは、飲食物を持ち込むことができたこと。いまではこうした類いのレジャー施設はほとんどが飲食物の持ち込みができない。安全面だとか衛生面だとかいろいろな理由はあっても、つまるところ館内・園内の比較的お高めの飲食物を購入してもらうためといって差し支えないだろう。その点、船橋ヘルスセンターは大盤振る舞いである。

休みの日、お弁当をこしらえて家族で船橋ヘルスセンターへ。大広間では音楽やダンスのショーを眺めながらくつろぎ、温泉に出たり入ったり。腹が減ったら持ち込んだ弁当や握り飯を食べる――。作家の開高健は、船橋ヘルスセンターをして「巨大なステテコの共和国」「遊び場の総合大学」と書いた。

オープンするやいなや、船橋ヘルスセンターは大人気。初年度から一日平均で四〇〇〇人ものお客が押し寄せ、ヘルスセンターでも年々施設を拡充していった。ゴルフ練習場や遊園地、遊覧飛行のための飛行場、野球場にテニスコート。ボウリング場やプラスチックブラシを敷き詰めた人工スキー場まで設けられている。建物も本館に加えて大コマ館、中央館、日本館、南国館などが次々に建てられ、宿泊できるホテルもできた。

拡張で生まれた施設のひとつに、サーキット場がある。一九六五（昭和四十）年に完成し、七月十八日のこけら落としでは第一回全日本自動車クラブ選手権が開催された。トヨタS８００を操る浮谷東次郎とホンダS６００に乗る生沢徹のライバル対決。浮谷が大逆転で優勝を飾った、モータースポーツファンには語り草の伝説のレースだという。

しかし、他の施設とは異なり、サーキット場ばかりは順調にはいかず、一九六七（昭和四十二）年からはオートレース場に衣替え。船橋競馬場に併設されたオートレース場が移転した形で、以後二〇一六（平成二十八）年に閉鎖されるまでレースが続けられている。

施設が充実するとともに、さまざまなイベントも行われるようになった。『8時だョ！全員集合』の公開収録が行われていたのは有名な話。他にも三波春夫や橋幸夫、美空ひばりなどの歌謡ショーが開かれ、一九六九（昭和四十四）年にはグループサウンズのザ・タイガースのショーにあまりに多くの観客が殺到、機動隊が出動したこともある。

将棋や囲碁のタイトル戦の会場になったり、与野党の議員団や岸信介首相ご一行が訪れたり、何かとイベント目白押し。変

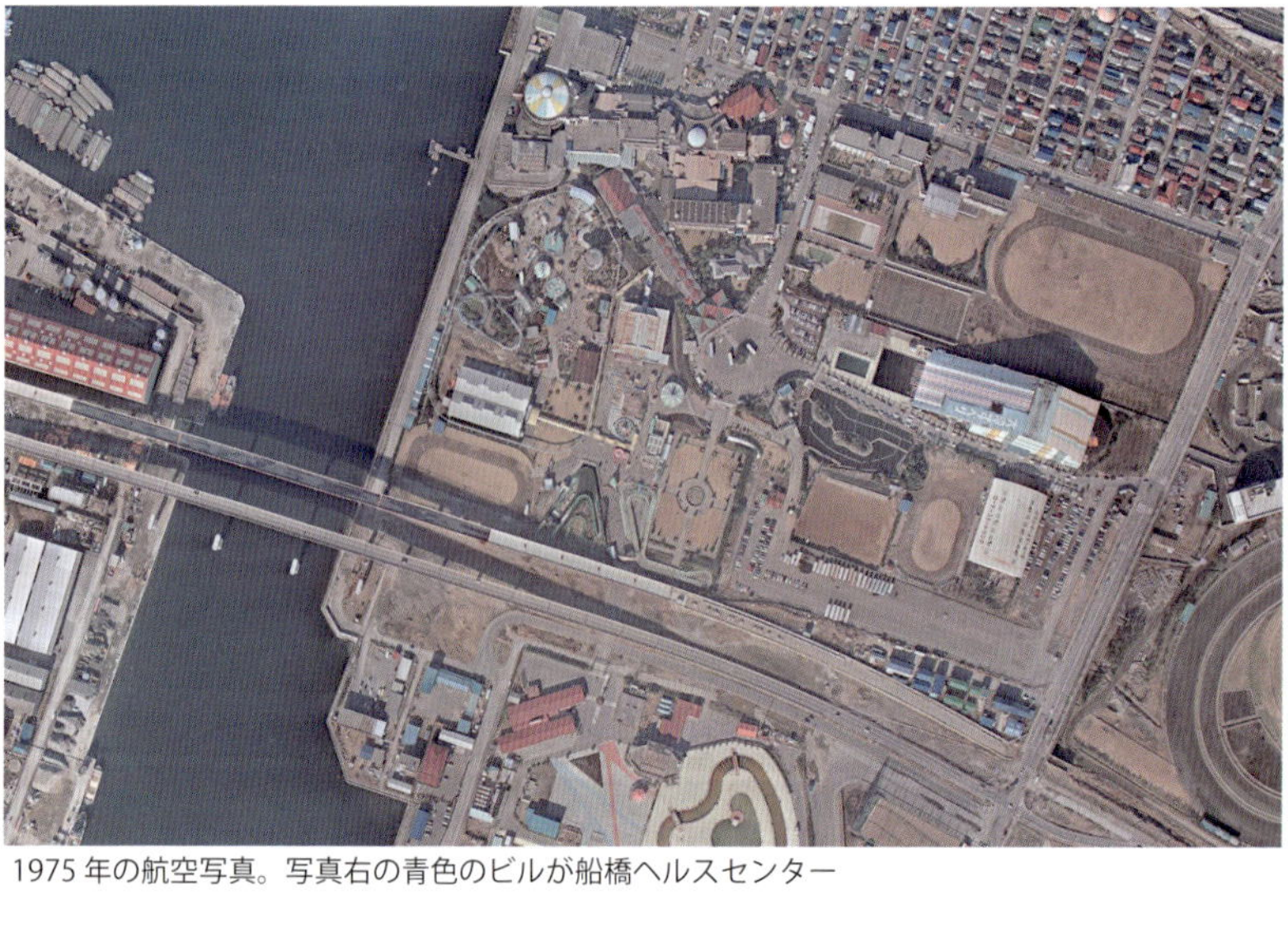

1975 年の航空写真。写真右の青色のビルが船橋ヘルスセンター

わったところでは、ヤクザの襲名披露会なども行われた。ステテコ姿の一般客に交じって倶利迦羅紋紋《くりからもんもん》のご一行がぞろぞろと。ヤクザと一般人の距離感が、いまよりもずっと近かった時代の一幕である。

ともあれ、開業から数年、船橋ヘルスセンターは文字通りの「遊び場の総合大学」、日本一のレジャーランドになったのである。

実際にはあまりの人気ぶりで、大広間は足の踏み場もないくらいに人が溢れかえっていたそうだ。その多くがステテコ姿でケツをぽりぽりひっかきながら、などというと、あまり居心地が良さそうには思えない。が、少なくとも昭和三十年代において、「飲む・打つ・買う」という壮年男性中心の娯楽から、老若男女関わりなく楽しめる娯楽へと移り変わる、新しい時代の象徴が船橋ヘルスセンターだった。

このあと、大都市近郊を中心に同様のヘルスセンターが次々に登場している。いま、日本中どこに行ってもみかけるスーパー銭湯は、こうしたところからはじまっているのだ。

ヘルスセンター閉鎖後も、夢を追い求め

こうして活況を呈した船橋ヘルスセンターだったが、盛者必衰、斜陽の時代は必ずやってくる。

昭和四十年代の半ばになると、温泉（地下水）のくみ上げによる地盤沈下が問題視されるようになる。ちょうどこの頃にはレジャーの多様化も進んでおり、猫も杓子もヘルスセンターという時代ではなくなっていた。ピーク時には年間四五〇万人だった利用者数も減少傾向に。そうした中で地下水くみ上げが禁

止されると万事休す。

一九七七（昭和五十二）年に船橋ヘルスセンターは営業を終えた。ひとつの時代の終わりであった。

しかし、ひとつの時代が終わっても、すぐに新しい時代がやってくる。

ヘルスセンターの跡地に誕生したのが、巨大商業施設「ららぽーと」。のちに全国に展開されるららぽーとの第一号、いまの「ららテラスTOKYO-BAY」である。

船橋ヘルスセンターは閉園前から三井不動産の傘下に入っており、土地を保有していた朝日土地工業も三井不動産と合併していた。こうした経緯もあって、跡地には三井不動産による大型商業施設が建設されることになったのだ。開業時の名称は「ららぽーと船橋ショッピングセンター」。ハワイのアラモアナセンターを手本として、一九八一（昭和五十六）年四月一日に開業した。

ららぽーと船橋ショッピングセンターは、各種専門店から映画館、飲食店までがまとまっている大型ショッピングセンターのハシリといっていい。もっといえば、イオンやアリオといった大型ショッピングモールの先駆者だ。レジャーの聖地から、ショッピングの聖地へ。バブルの狂乱を前にして、爆発的な消費の時代の幕開けとでもいうべきか。南船橋

ららぽーとと南船橋駅を結ぶ動く歩道

の埋立地で、夢は形を変えて続いてゆく。

いまの南船橋駅は、本質的にはららぽーとの駅といっていい。高架の駅を降りると、お客の多くはそのまま高架下の動く歩道を進んで東関東自動車道の下を潜る。そして、歩道橋をそのまま進んで直結しているららぽーとへ。京葉線と東関東自動車道と、高架下を続けて歩くので薄暗い。だが、ららぽーとらしく彩られた道を進んでゆくから、巨大ショッピングセンターへの期待感の方が勝つのだろう。

京葉線と東関東自動車道は、船橋ヘルスセンターがららぽーとに変わって少ししてから登場した。東関東自動車道が一九八二（昭和五十七）年、京葉線の南船橋駅が一九八六（昭和六十一）年の開業だ。

南船橋開業以前、この一帯のターミナルは、京成の船橋競馬場駅だった。

ヘルスセンターどころか競馬場も埋立地もなかった一九二七（昭和二）年に花輪駅として開業。一九五〇（昭和二十五）年の船橋競馬場開場とともに船橋競馬場前駅に改称、船橋ヘルスセンター開業後の一九六三（昭和三十八）年にはセンター競馬場前駅に名を改めた。ヘルスセンターからららぽーとに変わってからも、しばらくその駅名を使い続けている。現在の船橋競馬場駅になったのは、一九八七（昭和六十二）年のことだ。

ただ、この船橋競馬場駅は船橋競馬場の北側にあって、ららぽーとをはじめとする南船橋一帯とは少し離れたところにある。つまり、いまよりもアクセスが不便だった時代から、ヘルスセンターや後継のららぽーとが繁栄を謳歌したということになる。このあたりからも、ヘルスセンターとららぽーとの存在感の大きさが感じられる。

巨大迷路にザウス、そして……夢はまだまだ続く

では、いまの南船橋駅はどうだろう。空き地がすっかり生まれ変わった駅前から、高架の南側を歩く。新しくできたららテラスTOKYO-BAYの向こう側には、昔ながらの古い団地が見える。その名も若松団地といい、まだヘルスセンターがバリバリ現役の一九六九（昭和四十四）年に造成された。

ヘルスセンターかららららぽーと、そしていまではすぐ脇にIKEAがあるような、いわば最先端を走り続ける町にしては、いささか年季が入りすぎているように思える。が、よくよく考えてみれば、団地というのは昭和四十年代には庶民にとって憧れも憧れ、最先端の住まいだった。この団地もまた、南船橋に芽生えた夢のひとつといっていい。

団地の向かい、IKEAの並びには大型マンションがいくつもそびえ立つ。古い団地は昭和の夢、巨大マンションは令和の夢といったところか。

そんなマンションの間を抜けると、今度はまた町の様相が変わり、いくつものトラックが列をなして走っている。その先を見ると、大きな物流倉庫が建ち並ぶ。三井不動産ロジスティクスパークという。その一角にはふなっしーパークやアイススケートリンクなども設けられている。

物流倉庫と巨大マンションの間の道を、トラックとともに北に歩く。その先に

IKEA 周辺には高層マンション

は大きな公園、奥には「ららアリーナ」というアリーナ施設が見える。二〇二四（令和六）年四月にオープンしたばかりのこれまた新しい施設で、Bリーグ・千葉ジェッツふなばしのホームアリーナだ。

そうした中にまだまだ空き地も残っている。船橋ヘルスセンターオープンから七十年、この町はいまも変化のただ中にある。

船橋ヘルスセンターが営業を終了したのち、その跡地はすべてがららぽーとになったわけではない。いまの高架の南側、巨大マンションや物流倉庫があるこの一角も、もとはすべてヘルスセンターの跡地だ。ららぽーとは広大なヘルスセンター跡地の一部にできただけで、南側の大半はオートレース場を除いてしばらく空き地のままになっていた。

一九八七（昭和六十二）年、そんな空き地に突如として現れたのが、巨大迷路だ。昭和の終わり頃、なぜだか日本中に迷路ブームが巻き起こった。バブル景気の最中、急速に進む円高によって設備投資に二の足を踏んでいた鉄鋼・繊維メーカーが、遊休地を利用してあちこちに巨大迷路を建設したのだとか。専門誌『迷路マガジン』まで創刊されたというからなかなかのブームだ。その一端を、南船橋の町も担っていた。

迷路ブームがわずか数年で収束すると、その跡地に登場したのが、これまたレ

ららアリーナ 東京ベイ

駅周辺の団地

ジャーの歴史に燦然と名を残す人工スキー場「ザウス」である。

一九九三（平成五）年七月十五日にオープンした「ザウス」は、長さ四九〇メートル、幅七〇～一〇〇メートル、初心者向けコースから傾斜二十度の上級者向けまでが揃った人工スキー場。ドームの屋根に取り付けた約一〇〇個のノズルから霧状の水を噴出し、冷えた空気で雪を作りだす。つまり、ほとんど天然と同じパウダースノーの雪質が一年中楽しめた。

ちょうどバブル末期から続くスキーブームの中にあって、東京近くで一年中パウダースノーで滑れるスキー場。スキーヤーたちに愛され、一九九五（平成七）年には年間入場者数が一〇〇万人を超えるほど人気を博した。

しかし、もはやブームのサイクルは早くなるばかりの現代日本。バブル崩壊後の不況が長期化する中でスキーブームはほどなく終焉。二〇〇二（平成十四）年にザウスは営業を終えた。

そして、その跡地には何ができたのか。スウェーデンの家具店、ＩＫＥＡだ。その日本上陸一号店が、ザウスの跡地に進出した。

これまたいまや誰もが知っているあのＩＫＥＡも、南船橋から

2019年撮影の航空写真

はじまったのである。

船橋ヘルスセンターにはじまった、南船橋の発展。それは、日本人のあらゆる夢が詰まった発展だった。上も下も男も女もなく、誰もが等しく楽しめるレジャーランド。都心の百貨店をも凌駕する巨大なショッピングセンター。流行の最先端を駆け抜けた、巨大迷路に人工スキー場。そして、それぞれの時代にあって人々の憧憬の的だった団地やマンション。

南船橋は、まさしく夢の国といっていい。その夢は、これからも変化をしながらこの町で形になって現れることだろう。夢の跡はまた、次の夢のはじまり。未来の南船橋は、果たしてどのような姿を見せてくれるのだろうか。

ハイセイコーブームの影で消えた
大阪の競馬場

春木競馬場

かつて、岸和田に競馬場があった

大阪府岸和田市。この町に抱くイメージは、どのようなものだろうか。よくいえば人情味があって地域のつながりが強い。悪くいえば、ガラが良くない。偏見めいてはいるものの、似たようなイメージを抱いている人は少なくないのではないかと思う。

こうしたイメージは、派手な映像がしばしばテレビで流れるだんじり祭や、一般的な関西弁とはひと味違う泉州弁などから形作られているものだろう。

実際のところがどうなのかは別にして、ヨソ者からすれば岸和田の町中で地元の人を相手にしているスナックなどに飛び込むのは、ちょっと腰が引けるというのが正直なところだ。

そんな岸和田の町のイメージに、どうしても符合してしまうのが、ギャンブルである。がらっぱちの男たちが鉄火場に集い、泉州弁で声を張り上げる。これまた偏見の極みといわれれば返す言葉もないのだが、もう少しだけお付き合いいただきたい。

実際、岸和田に向かう南海電車に乗って車窓を眺めていると、岸和田市内に入ってほどなく岸和田競輪場が見えてくる。最寄り駅は春木駅。その西口を出て、線

岸和田競輪場

路沿いを北に歩いてだいたい十分くらいのところにある。

岸和田競輪場は、一九五〇（昭和二十五）年二月に開設され、現在では大阪府内では唯一の競輪場だ。過去には石田雄彦や山本清治といったスター選手が所属していたこともある。二〇一四（平成二十六）年に競輪の最高峰、KEIRINグランプリの舞台になった。また最近では、初夏のG1レース・高松宮記念杯競輪がたびたび開かれている。岸和田競輪の開催日には、多くの競輪ファンが春木駅から競輪場まで、線路沿いの道を歩くのだろう。

ただし、現在のところ岸和田市内にある鉄火場は、岸和田競輪場だけだ。それだけをもって、岸和田をギャンブルの町、などというのはお門違いもいいところ。ギャンブルとの向き合い方は、ごく標準的な町だといっていい。

しかし、そんな岸和田にも、かつてひとつの競馬場があった。その名も、春木競馬場。大阪府内では唯一の競馬場として、一時期はかなりの人気を集めたという。しかし、春木競馬場は一九七四（昭和四十九）年三月、まさに全国的な競馬ブームの真っ

2007年の航空写真。画面中央上に岸和田競輪場

只中に閉鎖されている。
いつの間にか歴史から姿を消した春木競馬場とは、いったいどのような競馬場だったのだろうか。

全国二位の売り上げを誇る人気競馬場

春木競馬場が開設されたのは、一九二七（昭和二）年のことだ。この年、泉南畜産組合が当局の許可を得て、競馬開催が始まっている。一周一〇〇〇メートルの右回り。たすき掛けコースも持ち、地方競馬場には珍しく障害レースが行われることもあった。

当初は一年間で五五万円ほどの入場料収入がある程度だったが、大阪府下でははじめての本格的な競馬場ということもあって徐々に人気を獲得してゆく。一九三〇（昭和五）年秋の開催では、四日間で約六五万円もの入場料収入を得ている。

勢いに乗ってか、一九三三（昭和八）年には一周を一二五〇メートルにするなどの施設拡充も行った。天然痘の流行で一時的に低迷するがすぐに回復し、一九三九（昭和十四）年には一開催での入場料収入を四三万円までに戻している。

ほどなく世相は戦争の時代へ。そうした中にあっても、競馬は軍馬鍛錬などの名目で開催が認められており、春木競馬でも一九四四（昭和十九）年まで開催を続けている。中止される直前も、全国トップクラスの人気を誇っていたという。春木競馬場がこれほどの人気を得たのは、大阪府で唯一の競馬場であったこと、また大阪という日本第二の都市のすぐ近くにあったことなどが理由だろう。ちなみに、休止していた戦時中はグライダーの滑走場などとして使われていた。

戦後の再開は、一九四六（昭和二十一）年八月から。さっそく一開催四日間で二〇〇〇万円の売得金を得ており、なかなか順調な滑り出しだった。以後も、一開催六日間で四〇〇〇万円の売り上げで八王子競馬場に次ぐ全国二位になるなど、戦前と変わらぬ人気ぶりを見せつける。

そして、一九四八（昭和二十三）年、新競馬法が施行されると、時代はそれまでの民営競馬から公営競馬の時代に入る。

新競馬法により、競馬を主催することができるのは所在する市町村と都道府県、加えて災害で著しい被害を受けた市町村に限定された。災害の被害というのは、戦災のことだ。すなわち、戦後復興にあてがう財源のひとつとして、競馬を主催することができるようになったのである。

戦前から安定した人気を得ていた春木競馬場は、もちろん財源不足に悩む自治体にとって垂涎の的。さっそく一九四八（昭

1975年の航空写真。たすき掛けコースなど、地方競馬場としては充実した施設を誇った

和二十三）年八月には大阪府と府下十七市が主催権を得る。大阪市・堺市・豊中市・守口市・布施市はそれぞれ単独で、貝塚・岸和田・吹田・八尾の四市と泉佐野・泉大津・池田・茨木・高槻・富田林・寝屋川・枚方の八市は共同で競馬組合を発足させ競馬を主催するようになった。以後、終戦から間もない復興の時代にあって、春木競馬場は財源の面で大いに貢献したのである。

しかし、それからほんの十五年ほど後の一九七四（昭和四十九）年三月、春木競馬場は廃止されてしまう。いったいなぜ、春木競馬場は競馬ブームの最中に姿を消すことになったのだろうか。

その答えを探る前に、まずは春木競馬場の跡地を訪ねてみることにしよう。

秀吉再建の神社と病院と、そして中央公園

春木競馬場の最寄り駅は、その名の通り南海電車の春木駅。つまり岸和田競輪場と同じ最寄り駅、ということになる。ただし、出入口は岸和田競輪とは反対の東口。といっても、春木駅という駅は上り線と下り線のホームが向かい合う相対式の構造で、改札内で東口と西口を連絡する設備を持っていない。なので、春木駅に降り立ったお客は、それぞれのホームに面する出入口から外に出るしかない。

線路沿いに春木競馬場跡へ

南海春木駅

反対側に出るためには、駅のすぐ脇の踏切を渡る。

そうして東口に出てからは、しばらく線路沿いを歩いて左に折れて、住宅地の中を抜けてゆく。すると、五分も歩けば比較的交通量の多い二車線道路に出る。その通りを渡った先に見えるのが、岸和田市立まなび中央公園という立派な公園だ。この公園こそ、かつての春木競馬場の跡地である。

公園の前の二車線道路沿いには、大きな病院や家庭裁判所、また兵主《ひょうず》神社という立派なお社などが建ち並ぶ。天照大神を祀る兵主神社は、豊臣秀吉によって再建されたと伝わる本殿がいまも残り、国の重要文化財にも指定されている。この一帯は、兵主神社の門前町がルーツの町なのだろうか。緑溢れる大きな公園と由緒あるお社に病院、裁判所。ここに競馬場があったなど、何も知らずに歩いていたら想像も及ばない。

競馬場の跡地、すなわち公園の中に入ってみよう。

公園内の兵主神社側は、競馬場時代にはメインスタンドがあったエリアだ。馬が走っていたのはその東側。公園の中には春木川という小さな川が流れているが、もちろんこの川も競馬場時代からあるものだ。つまり、馬が走るコースの下に川が流れていた（言い換えれば、川に架かる橋の上がコースになっていた）。もしもいまも現役ならば、一風変わった競馬場として話題を呼んでいたかもしれない。

兵主神社

公園沿いの道

しかし、公園の中をいくら歩き回っても、競馬場との結び付きを感じさせるものは見当たらない。せいぜい、三・四コーナー付近のカーブがそのまま林の中の小径として残っているぐらいだろうか。あとは、すっかり競馬場時代の面影は消え失せていて、周囲も住宅地や体育館などに生まれ変わっている。

古い地図と照らし合わせてみると、周辺の住宅地のほとんどが戦後の宅地開発で生まれたようだ。住宅地になる前は、兵主神社とそれに紐付く門前町を除くと、まったくの田園地帯であった。

これまた古い地図に頼ってみると、兵主神社から春木川を渡った少し先に、いち早く区画整理された住宅地が生まれている。市営住宅の類いだろう。この古い住宅地の脇を抜けてしばらく歩いてゆくと、南海電車和泉大宮駅に出る。昭和の昔、和泉大宮駅の周囲には小さな歓楽街があったという。歓楽街の形成には、少なからず春木競馬場が影響していたに違いない。馬券に負けてやけ酒を飲む、いわゆる〝オケラ街道〟というやつだ。

ただし、いまの和泉大宮駅周辺にそうした歓楽街の面影は乏しく、静かな住宅地になっている。

それにしても、中央公園を含めた春木競馬場跡地の一帯には、まるで意図的なのかと言いたくなるくらいに春木競馬場の痕跡が残っていない。ふつうなら、記

岸和田市立まなび中央公園入口

春木川

念碑のようなものが置かれていても不思議ではないはずだ。何しろ、終戦からまもない時期に馬券の売り上げをもって大阪府下の多くの都市の復興財源に多大な貢献をした競馬場。いくら廃止されてから半世紀の歳月が流れたとはいえ、最初から競馬場なんてなかったかのような町並みだ。これは、いったいどういうことか。やはり、春木競馬場が廃止された経緯を知るほかなさそうだ。

代々の大阪府知事はギャンブル嫌い

春木競馬場が廃止に向かう最初のきっかけは、一九五〇（昭和二十五）年頃にあった。この直前の春木競馬の売得金は、一開催で四〇〇〇万円ほど。それが、一九五〇（昭和二十五）年には一開催二七〇〇万円ほどにまで落ち込んでいる。理由は、競輪の登場であった。

一九四八（昭和二十三）年、自転車競技法が制定される。目的はそれこそ春木競馬をはじめとする地方競馬と同じで、競輪競技によって復興財源の一助としようとしたのである。競馬の場合は馬を育てて調教しなければならないし、それを所有する馬主も必要だ。その点、競輪ならばバンクと自転車さえあれば、あとは何とでも。つまりは参入障壁が低い、というやつだ。

実際に自転車競技法施行後には、全国各地で雨後の竹の子のごとく競輪場が生まれている。大阪でも、一九四八（昭和二十三）年十二月にさっそく住之江競輪場が誕生。続けて一九五〇（昭和二十五）年には、大阪中央競輪場や豊中競輪場、そして岸和田競輪場が開設される。

払い戻し金の控除率は、競馬が六五パーセントだったのに対し、競輪は七五パーセント。つまり競輪の方が胴元の取り分が少ない。そうした事情もあってか、競輪はあっという間に競馬から人気を奪う。春木競馬の場合は、すぐ近くに岸和田競輪場ができたということもあるだろう。競馬のお客が競輪に流れ、春木競馬は売り上げを大きく落としたのである。

そんな状況が続いていた一九五五(昭和三十)年、河野一郎農林大臣(当時)が記者会見で「競馬は土曜・日曜および祭日以外は開催しないことを提案する」と発言した。さらに「競輪も通商産業大臣と相談して、この線に沿うようにしたい」という。いわゆる〝ギャンブルホリデー〟のきっかけになった発言だ。ただでさえお客を競輪に奪われていた春木競馬にとっては大打撃。競輪と競馬が同じ開催日になれば、ますます売り上げが下がってしまう。

さらに弱り目に祟り目、河野発言による混乱が収まらないうちに、赤間文三大阪府知事(当時)が、大阪府内での競馬・競輪を廃止する意向を明らかにしたのだ。

赤間知事曰く、「青少年の不良化防止や道義高揚を唱えながら、一方で競輪、競馬を行うのは非常に矛盾がある。七〇〇〇万円程度の減収は冗費節減で埋め合わすつもりだ」。結果的には、赤間知事の任期中は大阪府が競馬・競輪開催から撤退するに留まり、衛星都市による開催は変わらず続けられた。池田市などは、「大阪府が撤退したことでかえって周辺都市が潤うならば良かった」というほどだった。

一九六〇(昭和三十五)年には大阪府下の開催権を保有していた全市が大阪府都市競馬組合を結成し、春木競馬は継続されてゆく。年間開催数は全国最多の三〇回以上。売り上げもこの頃から回復し、一九六三（昭和三十八）年度には年間売得金一億円を突破している。一九六四（昭和三十九）年には勢いに乗って鉄筋コンクリート四階建ての新スタンドを完成させ、十二月二十七日の落成記念競馬では二億七〇〇〇万円を売り上げた。

この時期の日本は、復興も一段落して経済大国への階段を上っていた真っ最中。国民ひとりひとりの生活環境も劇的に改善され、可処分所得も増えていた。そうした社会的背景が、春木競馬の復活につながったのだろう。一九六六（昭和四十一）年度には、一開催だけで三億円も売り上げるほどになっている。

振り返ってみれば、このときが春木競馬にとって最後の輝きだった。

一九六八（昭和四十三）年、競馬法が改正されて開催権が大阪府と所在自治体である岸和田市だけに限定されるようになったのだ。戦後の復興に目処が付き、財源問題が解消されていたことが理由だ。ただし、突然財源を奪われることになる自治体にとってはたまらない。そこで経過措置としてしばらくは従来通りの開催が続けられることになったのだが、打撃は打撃。すでに「自治体の資金不足の穴埋めとして安易に公営ギャンブルを活用する」という時代ではなくなっていたというわけだ。

地元の婦人会も熱心な反対運動

この頃には、〝競馬公害〟などという言葉が生まれるなど、迷惑施設としての側面が強調されるようになっていた。岸和田市内でも、婦人会を中心に競馬反対運動が高まりを見せており、所在自治体であるところの岸和田市も競馬を存続させることに消極的になってゆく。赤間知事を継いだ左藤義詮《さとうぎせん》知事も、「私はギャンブルを好まない」と明言するなど、逆風が続く。こうして少しずつ、春木競馬廃止への道筋が整えられていった。

しかし、廃止するといってもそれほど簡単な話ではない。急に財源を失う開催自治体には大打撃だし、何より職を失うことになる関係者への補償も欠かせない。そこで、大阪府は一九六八（昭和四十三）〜一九七〇（昭和四十五）年度の三年間だけ競馬を開催し、その間に補償などを含めた廃止への準備を整えることにした。

ところが、この三年間の続行競馬は、先行きへの不安感も手伝って思うような売り上げを確保することができなかった。三年を終えても関係者への満足な補償もままならない。それでは廃止は受け入れられないと、春木競馬の関係者は競馬の続行を強く求めた。一方で、婦人会を中心とする廃止派は約束の三年が経ったのだから、予定通りに廃止すべきと主張する。

どちらの言い分もまあごもっとも。何しろ競馬場の前の道では普通に馬が馬糞を落としながら散歩していたというのだから、反対派の婦人会の気持ちもよくわかる。一方で、ロクに補償ももらえずに、廃止と言われても、競馬関係者としてはたまったものではない。

そうした賛成派と反対派のせめぎ合いに絡んできたのが、大阪の政局だ。

一九七一（昭和四十六）年、革新系の黒田了一が府知事に当選する。府知事選の公約のひとつに春木競馬廃止を掲げていたくらいだから、黒田知事の方針はもちろん即時廃止だ。焦点は、廃止か存続かというよりは、補償金の金額に集約されてゆく。

当初、競馬関係者は総額二五五億円の補償を求めたという。それに対して、競馬組合の提示額はわずか二五億円。あまりの開きに協議は難航し、最終的に八二億円で妥結する。ところが、競馬組合にはそれだけの補償を出す余裕はなかった。大阪府が肩代わりする条例案が府議会に提出されるが、あえなく否決。もうここまで来ると、しっちゃかめっちゃかである。

結局、廃止に向けた補償金を確保するために、二年間の続行競馬を行うことに決定する。婦人会だけでなく、知事与党の共産党、また社会党の一部からも即時廃止を求める声も上がっていた。しかし、補償なき廃止を強行しては黒田知事の立つ瀬もない。

二年間の続行競馬の売り上げは絶好調。一開催で平均八億二〇〇〇万円という莫大な売得金を得て、無事に補償金を確保することができた。そうして一九七四（昭和四十九）年三月、予定通り春木競馬場は廃止されたのである。

春木競馬廃止の前年、一九七三（昭和四十八）年は、スターホース・ハイセイコーの登場によって日本中が競馬ブームに沸いていた。春木競馬の続行競馬が盛況だったのは、競馬ブームの恩恵に浴した部分もあっただろう。

そして、この競馬ブームはそれまでの鉄火場として、つまりギャンブル一徹の競馬場の質を変えた。〝血のロマン〟としての競馬の魅力が発見され、女性ファンも少しずつ増え始めた。競馬場がただの迷惑施設だったところから、徐々に変化していくはじまりであった。

もちろん、いまのように若い女性ファンも大挙して競馬場にやってくるようになるのは、もっとあとのこと。それでも、春木競馬場が廃止された時代は、競馬場のあり方が大きく変わろうとしている、そんな時期であったことはまちがいない。

迷惑施設から、老若男女誰もが楽しめるレジャーへ。そうした時代の移り変わりの狭間にあって、春木競馬場は姿を消した。春木競馬場は、時代の変わり目に飲まれていった、徒花だったのだろうか――。

軍需工場を
平和のシンボル・野球場へ

武蔵野グリーンパーク

東京郊外、三鷹駅に何があったのか

中央線に乗って、三鷹駅にやってきた。

周辺に住んでいたり勤めていたりする人を除けば、三鷹駅は中央特快が停まるという点において、多くの中央線ユーザーに認識されている駅だ。同時に、中央・総武線各駅停車の西の端、言い換えれば中央本線複々線区間の西の端でもある。駅のすぐ西側には車両基地もあって、つまりは運転上の要衝の地、というわけだ。

また、駅の北側は武蔵野市、南側は三鷹市で、ちょうど駅のあたりに市境があるというのも特徴だ。そういえばコロナ禍の折、まん延防止等重点措置の対象地域が武蔵野市と三鷹市で分かれたため、三鷹駅の南側では酒が飲めるけど南側では飲めない、なんてことが話題になっていたように記憶している。

それはそれとして、三鷹駅にやってきた理由は別にある。かつて、終戦直後のほんの一年間だけプロ野球の試合が行われて

2019年撮影の航空写真。中央下のマンション群あたりに武蔵野グリーンパーク球場があった

いた野球場。武蔵野グリーンパーク野球場があったのが、三鷹駅のほど近くなのである。

武蔵野グリーンパーク野球場はまたの名を東京スタディアムともいい、一九五一（昭和二十六）年春に開場。プロ野球・国鉄スワローズの試合を中心に、プロ野球の公式戦が十六試合開催されている。収容人員は実に七万人、ナイター設備まで兼ね備えていた。当時にしてみれば、というよりいまに照らし合わせても日本一といっていい規模のスタジアムだった。

けれど、プロ野球の公式戦が行われたのは一九五一（昭和二十六）年の一年だけだ。球場はとうの昔になくなった。跡地は日本住宅公団の団地となり、いまもURの武蔵野緑町パークタウンになっている。三鷹駅から、直線距離で北に一・五キロ。武蔵野市役所のすぐ傍らの団地群が、一年だけ輝きを放った野球場の跡地だ。いま、武蔵野グリーンパーク野球場の跡地は、どうなっているのだろうか。

中央に立派な木が立ち聳《そび》える、三鷹駅の北口広場。スタジアムの跡地には駅前の目抜き通りをまっすぐ北に向かうのが手っ取り早い。すぐ近くに武蔵野市役所もあるから、駅前から路線バスに乗ることもできる。

けれど、今回はあえて遠回りをしよう。まずは駅前広場から西に向かって歩いてゆく。広場のすぐ近くの茂みの中を流れる小川は、玉川上水だ。玉川上水の先を左に折れて、あとは線路に沿って西へ。ほどなく、閉鎖された跨線橋が見えてくる。かつて、太宰治も愛したという、三鷹のシンボルのような跨線橋。老朽化

三鷹駅近くの跨線橋

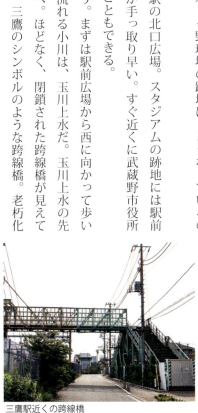

を理由に二〇二三（令和五）年の末に閉鎖され、取り壊されることが決まっている。

この跨線橋が跨いでいるのが、三鷹の車両基地だ。グリーンパーク野球場ができるほんの二年前、一九四九（昭和二十四）年に、この車両基地で無人の列車が暴走する三鷹事件が起きている。列車は脱線転覆、車両基地を飛び出して商店街に突っ込み、六名の死者も出た。その十日ほど前には下山定則国鉄総裁が轢死体となって発見される下山事件があったばかり。およそひと月後に起こった松川事件とあわせて、「国鉄三大ミステリー事件」と呼ばれている。

こうした事件の背景には、GHQによる十万人規模の国鉄の人員整理があったとされる。当時の国鉄は、復員兵や外地からの引揚者を積極的に雇用していたこともあって職員数が膨れ上がり、経営を圧迫していたのだ。結局、いずれも事件は解決することなくいまに至るまで闇の中。いずれにしても、国鉄に対する国民のネガティブなイメージが定着し、経営立て直しの障害になっていたのだ。

と、そんな歴史の一ページに思いを馳せつつも、今回の目的地は別のところにある。跨線橋を潜った先の線路端、堀合児童公園という小さな公園の中に入ってゆく。

この公園は、そのまま先に抜けると堀合遊歩道という緑道に通じている。線路の脇からきれいなアールを描きながら、進路は北へ。新武蔵境通りに並行しつつ、ちょうど斜向かいに境浄水場が見えるあたりで玉川上水を渡っている。

遊歩道にある廃線跡のレール

遊歩道が玉川上水を渡る橋の上には、何やらレールのようなものが埋め込まれている。線路沿いからの美しいほどのアールといい、その幅といい。そしてレールときたら、誰もがピンとくるに違いない。この遊歩道は、廃線跡だ。

玉川上水を渡る橋のたもとの説明板にも、その旨が詳しく書かれている。それによると、堀合遊歩道はかつて三鷹駅北側にあった中島飛行機武蔵製作所への引き込み線だったのだとか。

中島飛行機は、元海軍機関大尉の中島知久平によって、一九一七（大正六）年に設立された航空機メーカーだ。航空機メーカーなのだから飛行機を作る会社なのだが、民間向けの航空機はごくわずか。生産能力のほとんどは陸海軍向け、つまり軍用飛行機に充てられた。エンジンの開発・製造も手がけており、戦闘機の一貫開発・製造を行う、当時としては世界有数の航空機メーカーだった。

その拠点のひとつが、武蔵製作所だ。陸軍向けの航空機用エンジン製造工場として、一九三八（昭和十三）年に開設された。「隼《はやぶさ》」の愛称で知られる陸軍一式戦闘機などに搭載されるエンジンを製造していた。

三鷹駅北側に工場が置かれたのには、所沢の陸軍飛行場と荻窪《おぎくぼ》の中島飛行機東京工場のどちらにもアクセスしやすいという理由があった。当時の工業製品や原材料の輸送は、ほとんどが鉄道によって担われていた。そのため、工場開設とほ

住民には抜け道として利用されているらしい

堀合遊歩道

ぼ同時期に中央線からの引き込み線が開設されている。その跡が、いまの堀合遊歩道になったというわけだ。

堀合遊歩道をさらに進む。井の頭通りを渡ったあたりからは、新武蔵境通りと徐々に離れて進路は北東に向かう。住宅地の中を抜けている緑道といった趣で、自転車で駆け抜けてゆく地元の人の姿も目立つ。ちょうどよい抜け道として利用されているようだ。

武蔵野の面影残る廃線後の先へ

先に進めば進むほど、近くには畑もちらほらと。古き武蔵野の面影、といったところだろうか。そうして三鷹駅前から二十分は歩いただろうか。遊歩道の脇が大きく開けて公園になっている場所にやってきた。ここにも説明書きがあったので、読んでみる。

それによると、どうやらこの開けた公園は高射砲陣地だったようだ。中島飛行機武蔵製作所は、軍用飛行機のエンジンを製造していた軍需工場だ。となれば、敵機の空襲のターゲットになるのは必然のなりゆき。襲来するB29を撃墜するための高射砲が、この場所に置かれていた。

実際、中島飛行機武蔵製作所は何度もB29による空襲を受けている。

高射砲陣地だった公園

最初の空襲は、一九四四（昭和十九）年十一月二十四日。その直前、マリアナ諸島を制圧した米軍は、そこに大規模な航空基地を建設している。これにより、日本本土のほぼ全域がＢ29の航続可能距離に入っていた。本格的な本土空襲がはじまったのは、それ以後のことだ。中島飛行機武蔵製作所は、マリアナ基地から飛び立ったＢ29による最初のターゲットのひとつだった。五十七人が死亡し、七十五人が負傷、工場の機械類が破損する被害を受けている。

それからも、中島飛行機武蔵製作所、つまり三鷹駅北側の武蔵野の地は何度もＢ29の攻撃に晒された。人的被害が最大だったのは一九四五（昭和二十）年二月十七日の空襲だ。このときには八十人が命を落とした。最後の空襲は、終戦直前の八月八日。九度に及ぶ空襲で、合計二三〇人が命を落としている。引き込み線の脇に置かれた高射砲も射程距離がＢ29の高度には及ばず、効果を発揮することはできなかったという。

堀合遊歩道、グリーンパーク遊歩道ともいうこの緑道は、こうした歴史を教えてくれる廃線跡なのだ。

いまではすっかり穏やかな住宅地の中の遊歩道になった道を歩いてゆくと、最後は大きく東に向けてカーブして、正面に武蔵野中央公園を見て終わりを告げる。

武蔵野中央公園は、まさに遊歩道の前身たる引き込み線が結んでいた、中島飛

グリーンパークの名称が今も残る

武蔵野中央公園

行機製作所の跡地だ。

中島飛行機の工場は相当に広かった。東側には陸軍向けのエンジン組み立て工場が置かれ、西側には海軍向けの多摩工場。食堂や診療所なども兼ね備えており、いわばひとつの町のような工場だった。

そのうち北側はNTT武蔵野研究開発センターに生まれ変わり、西側が武蔵野中央公園になっている。そして、東側の団地群が、かつて武蔵野グリーンパークという野球場があった場所。グリーンパークは、広大な中島飛行機武蔵製作所の跡地のごく一部に、ほんのひとときの間だけ設けられた野球場、というわけだ。

戦前戦中は巨大な軍需工場。それが戦後わずか五年と少しで、プロ野球の試合もできる野球場に。いったいどういう経緯があったのだろうか。

たび重なる空襲によって、ほとんど廃墟と化していた工場は、その中でもまだ建物が残っていた西側が国に引き取られ、東側が民間に払い下げられることになった。

西側は、その後米軍の宿舎として使われることになり、その名も「グリーンパーク」。この名前が野球場にも引き継がれるのだが、それはもう少し後のこと。民間払い下げが決まった東側用地は、中島飛行機の残留従業員たちの手に渡る。受け皿になったのは、従業員たちによって設立され

武蔵野グリーンパークがあった場所にはマンション群

た武蔵野文化都市建設株式会社。焼け野原になった武蔵野を、新たに文化的な都市として再興させようという大義を掲げた、残留従業員たちの会社であった。

しかし、いくら土地を得たとはいえ、残留従業員たちだけで形にすることは難しい。そこで、三鷹駅近くに邸宅を構えていた松前重義が担がれる。松前は東海大学の創立者にして、終戦直後には逓信院総裁を務めていた。ちょうど公職追放で逓信院総裁の職を追われており、一も二もなく社長就任を引き受ける。一九四六（昭和二十一）年のことだ。

カリスマ経営者に率いられ

松前は、武者小路実篤や徳川夢声、近衛秀麿といった各界の名士に役員就任を依頼している。このあたり、松前のカリスマ性が感じられるところだが、実際に業務を担ったのは松前と残留従業員たち。彼らによって、野球場建設というアイデアが持ち上がる。

実は、このときに競輪場という案もあったという。競輪場、つまり公営競技は当時日本中で大人気。地方自治体には莫大な収益が転がり込む。復興資金に頭を悩ませていた自治体にとっては実にありがたい存在だったのだ。

そのため、武蔵野市からも競輪場を作ってほしいという要請があった。しかし、松前はそれを拒絶する。「庶民の金を吸い上げる博打ではなく、国民に希望を与えるものを」というポリシーを持っていたからだ。

そして、人々の気持ちを明るくするスポーツ、当時いちばん人気のあった野球場の建設を決定する。

会社名を東京グリーンパークに変えて、着工したのは一九四九（昭和二十四）年。復興需要と資材供給のアンバランスから、資材不足が深刻だった時期。そのため、鉄筋コンクリートを使用するのはスタンドなどの一部に限定し、大部分を土盛りにして建築が進められた。球場予定地だけでも八〇発もの弾痕が残り、それらを埋めるところからの難事業。地中に埋まっていた無傷のパイプなどをそのまま再利用するなどの工夫もあった。

そうして、約一億円の工費をかけて、一九五一（昭和二十六）年一月、武蔵野グリーンパーク野球場が完成する。ナイター設備と七万人も収容できる巨大なスタンドを持つ、東洋一の野球場。松前は、最終的には遊園地やサッカー場なども併せ持つ、巨大なレジャーランドにすることも考えていたという。

一九五一（昭和二十六）年三月十七・十八日の二日間、球場開きのイベントが行われる。招かれたのは、大映・国鉄・東急・

1956年の航空写真。中央が武蔵野グリーンパーク

巨人のプロ野球四球団。どこの馬の骨とも知れぬ武蔵野の地の新球場にプロ四球団が集まったのは、松前の神通力というほかない。球場開きの記念始球式は、国鉄スワローズに入団して二年目の後の四〇〇勝投手・金田正一が投じたという。

はじめての公式戦は、四月十四日からはじまった東京六大学野球の春季リーグだ。この頃、神宮球場はGHQに接収されており、自由に使うことができなかった。そうした事情もあって、六大学野球の公式戦がグリーンパークで行われることになったのだろう。

そしてこのとき、球場へのアクセスが大きく改善されている。三鷹駅から、旧中島飛行機への引き込み線を再利用する形で、武蔵野競技場支線が営業を開始したのだ。このときも松前が一肌脱いでいて、東北帝大の同窓だった鉄道官僚の西村英一（のちに政治家となり、建設大臣・厚生大臣・自民党副総裁などを歴任）に働きかけたのだとか。

このとき、球場前の駅名もグリーンパーク前とするよう求めたが、カタカナの駅名は前例がないということで断られ、武蔵野競技場前駅になっている。それでも当時の国鉄ではいちばん長い駅名だった。

また、さらに京王井の頭線や西武多摩川線が球場近くを通るよう延伸することで、アクセスの利便性を高めるという計画もあったようだ。結局実現することはなかったが、こうした計画が持ち上がるくらいに、この球場には大きな期待が寄せられていたことは間違いない。

満員のスタンド、立ちこめる砂ぼこり

そして、五月五日。いよいよプロ野球の公式戦が行われた。国鉄スワローズ・読売ジャイアンツ・名古屋ドラゴンズの三球団による、二日間の変則ダブルヘッダーだ。

この頃のプロ野球には、いまのようなホーム&ビジターのフランチャイズ制は存在していない。そもそも球場不足が深刻で、使える球場でまとめてダブルヘッダーというのが当たり前の時代だ。そんな中にあって、グリーンパークは半ば国鉄スワローズのフランチャイズ、ホーム球場という意味合いがあった。ここにもまた、松前が関係している。

球場ができる直前、松前は国鉄にプロ球団の運営を持ちかけている。件の三大ミステリー事件によるイメージダウンに加え、激化する混雑に対してなかなか有効な手が打てていない国鉄は、まったく国民からの信頼を失いかけていた。そうした中で、野球チームを持つことで親しみを持ってもらってはどうか、というわけだ。

松前の言葉にどれほど効果があったかはわからないが、「専用球場を用意しますよ」くらいのことは言ったかもしれない。国鉄スワローズは、球場誕生の前年、一九五〇（昭和二十五）年に誕生。シーズン途中には金田正一が入団し、若きエースに上り詰めていた。

そんな国鉄、二年目の一九五一（昭和二十六）年シーズンは開幕から絶好調。グリーンパークでの初

の公式戦前の時点で、首位巨人に〇・五ゲーム差の二位。グリーンパークでの巨人との直接対決を含めて連勝すれば首位に立つという、重要な試合だった。

だから、というわけでもないのだろうが、二日間ともスタンドは超満員。東京駅から武蔵野競技場前駅まで運転された直通の臨時列車も満員だったという。

グリーンパークオープニングシリーズ一日目、五月五日の名古屋ドラゴンズ戦では、国鉄のエース・金田正一が完投で勝利を収める。ライバルの巨人は名古屋に敗れ、一日で国鉄が首位に立った。二日目第一戦は国鉄と巨人の直接対決。巨人はエースの別所毅彦を立てるが、試合は序盤から国鉄ペースで進み、七対五で国鉄の勝ち。

続く第二戦では、巨人が名古屋のエース・杉下茂に完封され、結局巨人はグリーンパークでの三試合でひとつも勝ち星を挙げられなかった。一方の国鉄は連勝で奪首に成功する。シーズンが終わってみれば、国鉄は勝率・四三八で五位に沈み、その後もBクラスに沈むシーズンがほとんど。初優勝を飾ったのはヤクルトスワローズになってからの一九七八（昭和五十三）年だ。そんな暗黒時代のほんのひとときの好調時。それが、グリーンパークでの最初のプロ野球公式戦と重なったことは、記憶に留めておきたい。

武蔵野に咲いた徒花的野球場

こうしてみるとなかなか順調に滑り出したように思えるグリーンパーク。しかし、すでに球場の問題点は噴出していた。当時のことを、ＮＨＫの実況アナウンサー・志村正順が雑誌『野球少年』に書いている。

「設備がじゅうぶんでないので、ちょっと風が吹くと、砂塵が、もうもうとまきおきたり、外野のスタンドも土盛りだったりして、なおさなければならないところはたくさんあります」

「ベンチには、えんりょなく砂ぼこりが吹き込んできます。砂塵でよごれためがねをふきながら、杉下投手が、投球練習場からベンチにもどってきました」

巨人軍の一番打者・千葉茂は、志村に対して「グラウンドが悪い」と話しているし、当時の他の記事を見ても、とにかく砂ぼこりのひどさが語られている。土盛りだったことが原因か、関東ローム層の武蔵野の土地が悪かったのか。

いずれにしても、少しでも風が吹けば砂ぼこりまみれになる球場が重宝されることはなかった。武蔵野グリーンパーク野球場でのプロ野球の公式戦は、この年の八月十九日のパ・リーグ変則ダブルヘッダーが最後になる。試合数はわずか十六試合。神宮球場の接収が解除されたり、新球場が建設されたりと、球場不足が解消すればお役御免。一九五二（昭和二十七）年にはプロ野球公式戦が行われることはなく、この年は東京六大学野球の公式戦が行われた程度に終わっている。

そうして、プロ野球の球場としてはわずか一年、六大学を含めても二年でグリー

球場の説明ボード

球場の外周らしき道

ンパークは歴史に幕を下ろす。運営会社は一九五三（昭和二十八）年に解散し、球場は一九五六（昭和三十一）年に解体。跡地は日本住宅公団に売却され、団地に生まれ変わった。

いまも、スタジアムの跡地はまったくの団地だ。団地を取り囲む円弧状の道路が野球場の外縁にあたるのかどうか。それを確かめるすべもない。たった二年しか働かなかった野球場なのだから、痕跡を探す方がムリというものだ。

ただ、そんな団地の中の広場には、ここに武蔵野グリーンパーク野球場が確かにあったことを示す説明板が置かれている。武蔵野グリーンパーク野球場の存在をいまも伝えているのは、その説明板だけだ。

武蔵野グリーンパーク野球場が使われなくなった理由のひとつに、アクセスの不便さがあった。いくら東京駅・新宿駅から球場前までの直通列車があるとはいえ、当時は武蔵野の原っぱの中の野球場は、アクセスが悪いという時代だったのだろう。武蔵野どころか所沢に野球場があるいまからすれば、もったいないといえばもったいない。

けれど、グリーンパークは〝戦争の時代〟から脱却する過程で生まれた、新時代への夢を体現したものだと思えばどうだろう。夢の球場は儚く消えたが、いまもプロ野球は人々を熱狂させ続けている。

古代日本の命運を握った
平和の台

平和台球場

サッカーではじまり、サッカーで終わる

一九九七（平成九）年十一月三十日、平和台球場最後の日。

〝野武士軍団〟西鉄ライオンズの本拠地として親しまれた平和台球場の幕引きは、野球ではなくサッカーだった。もちろん野球場なのでサッカーの試合ではなく、オフシーズンのJリーグ・アビスパ福岡のファン感謝デーイベントだ。

この年のアビスパ福岡は、Jリーグに加盟して二年目のシーズン。一九九五（平成七）年の発足と同時にJFLに加盟し、翌一九九六（平成八）年からJリーグへ。過去二年のファン感謝デーは、福岡市民会館や雁ノ巣《がんのす》球場で開催されていた。

それが一九九七（平成九）年だけ、平和台球場を舞台に選んだのだ。平和台球場の閉鎖が決まっており、福岡市がアビスパとの共催という形で平和台球場最後のイベントになったのである。

福岡における野球の聖地といってもいい平和台球場が、野球ではなくサッカーで終わる。なんとも違和感を抱かざるを得ない。ところが、実は平和台球場とサッカーは、深い縁で結ばれている。

戦争が終わってまもない一九四八（昭和二十三）年秋、第三回国民体育大会が

舞鶴公園

福岡市内で開かれた。国体のサッカーの試合が行われたのが、ちょうどのちに平和台球場になる場所だったのだ。そうした歴史を前にすれば、平和台球場の最後の日のイベントが、サッカー関連だったところで何の不思議もないといっていい。平和台球場とサッカーの縁の深さを感じこそすれ、何ら違和感など抱くべきではないのである。アビスパ福岡の選手たちとサポーター。はじまりがサッカーだった平和台球場は、四十年の歳月を経て、再びサッカーで幕を下ろしたのであった。

平和台球場は、福岡の市街地のど真ん中、舞鶴公園の中にあった。

舞鶴公園をさらにもとを辿ると福岡城だ。おおよそ五〇万石、黒田長政を藩祖とする外様の雄藩の拠点たる近世城郭だ。長政が関ケ原の戦いの軍功で福岡に入るまでは、例の〝裏切り者〟小早川秀秋が治めていた。ただし、小早川時代の城は福岡城ではなく名島城。長政もはじめは名島城に入ったが、すぐに新たな居城を求めて福岡城を築城している。それが、のちに平和台球場が生まれる舞鶴公園の地であった。

福岡という町は、他の都市と比べてもいくらか特殊な構造をしている。

福岡市を代表するターミナルは、新幹線もやってくる博多駅。ふつうならば都市名をそのまま駅名に頂くところ、なぜか博多駅はそうではない。これは、福岡という都市が博多と福岡というふたつの町から成り立っているからだ。

球場あとから福岡・博多の街を望む

大濠公園。もとは福岡城の外濠

博多と福岡は、那珂川《なかがわ》を間に挟んで東西に位置する。東が博多、西が福岡だ。福岡は福岡城を中心とする武家町、博多は呉服町から博多港までに広がる町人町。博多は福岡城下の一部にありながら、半ば自治が認められていた特殊な町だった。博多駅はその中でも外れのほうに設けられたターミナルだったが、いまも古の博多の面影が感じられないこともない。

武家町だった福岡は、明治に入ると城とその周囲の武家屋敷は軒並み明治政府に明け渡されて、官公庁や軍事施設に生まれ変わる。福岡城三の丸跡は陸軍第十二師団歩兵第二十四連隊の拠点となった。西側の大濠公園一帯もほとんどが陸軍の練兵場。江戸時代の藩の城がそのまま軍施設になった例は枚挙に暇がないが、福岡もそのひとつだった。広大な用地が必要な軍施設には、旧幕時代のシンボルでもあった城跡がちょうどよかったのだろう。

そんなわけで、福岡城の跡地は戦争が終わるまで、一貫して陸軍の連隊施設として活用された。その場所が、戦争が終わって陸軍が去ったあと、国体の会場になったのである。

連隊施設の跡地は、終戦直後にいったんはＧＨＱに接収されている。そのため、一九四八（昭和二十三）年の国体会場にするのは通常であれば難しい。しかし、国体事務局長を務めた岡部平太がＧＨＱとの交渉を重ね、早期返還を実現している。

連隊跡地、つまり軍事国家の象徴を新しい時代の平和の象徴にしたいと訴えたことが、返還の決め手になったのだという。曰く、「兵どもの夢の跡をスポーツによる平和の台《うてな》にする」。これが、「平和台」命名の由来になった。そうして陸上競技場（いまも平和台球場跡地の西側に残っている）を中心に、野球場などを併設した平和台総合運動公園が完成した。

国体が終わると、市民からの要望の多かった野球場に生まれ変わる。一九四九（昭和二十四）年二月に市議会で野球場建設が決定し、同年七月に着工。工事は失業対策事業でもあった。同年十二月には、まだ球場が完成していないというのに西日本新聞によって巨人と阪神のオープン戦も行われている。あまりに多くの客が押し寄せて開門と同時に場内に殺到。少年二人が圧死するという悲劇のおまけつき。最終的な完成は、一九五〇（昭和二十五）年三月のことである。

福岡に生まれた二つのプロ球団と平和台

ちょうどこの頃、全国的に野球熱が高まっており、プロ野球の新規参入を目論む企業が増えていた。一九五〇（昭和二十五）年からプロ野球が二リーグ制に移行することが決定しており、それに刺激されて福岡でも西日本新聞や西日本鉄道に球団設立の動きがあった。実際に、西日本新聞は「西日本パイレーツ」としてセ・リーグに、西鉄は「西鉄クリッパーズ」としてパ・リーグに加盟している。

平和台球場とふたつのプロ野球チーム。それがほぼ時を同じくして福岡の地に誕生したというわけだ。そうなれば、新生・平和台球場が本拠地球場として大活躍、と思うのが普通のところ。ところが、実際には平和台球場が使われることはほとんどなかった。

西日本パイレーツは一三六試合のうち、平和台球場ではわずか四試合。それどころか、福岡県内での試合すら七試合だけにとどまっている。西鉄クリッパーズも似たようなもので、こちらは主に春日原球場を本拠地としたこともあって、平和台球場ではたったの七試合しか行われていない。

いまのように、シーズンの半分ほどを本拠地球場で戦うフランチャイズ制が整うのはまだ先のこと。複数球団が地方球場で変則ダブルヘッダーを戦うことも少なくなかった。新幹線も飛行機もない時代で移動にも時間がかかる。東京や大阪といった球団が集中する大都市から離れている福岡の二球団だから、なおのことである。

ただ、平和台球場に関してはそれ以外の事情もあったようだ。何しろ、完成したばかりの平和台球場は設備があまりに貧弱だった。鉄筋コンクリートの類いはほぼ使われず、スタンドはすべて木造。外野スタンドは土を盛っただけの簡素極まるもので、内野席にしても木の板を渡しただけ。たまのプロ野球の開催では、すぐ脇の福岡城跡の石垣や木に登って観戦する人もいたという。とどのつまり、いくら終戦からまもない時期とはいっても、平和台球場はおよそプロ野球の本拠地球場にはふさわしからぬ

1956年撮影の航空写真。球場の隣は平和台陸上競技場

野球場だったのである。

それでも、平和台球場は立地ばかりはバツグンだった。福岡市民の多くも、もちろん平和台での試合開催を熱望する。そんな背景もあったのか、一九五一（昭和二十六）年からは西鉄が平和台を本拠地に移し、本格的に多くのゲームを開催するようになってゆく。なお、西日本パイレーツは一年限りで西鉄と合併、一九五一（昭和二十六）年から西鉄ライオンズに改称している。

ライオンズの本拠地球場・平和台。最初の大きな課題は、ナイター設備だった。ナイター設備がなければ、日暮れとともに試合は途中でもノーゲームかコールドゲーム。それが原因で、一九五二（昭和二十七）年七月十六日には、のちに「平和台事件」と呼ばれるトラブルも発生している。

西鉄と毎日の対戦が予定されていたこの日、試合開始は雨のために遅れに遅れて一六時五〇分。日没は一九時三〇分だから、それまでに試合を終える必要があった。ところが、途中で雨脚が強まるなどして二度中断。四回表が終了した時点で西鉄が一点リードしていたが、ここで毎日がノーゲームを狙って遅延行為を繰り返す。何度もタイムを取り、わざとフライを落として試合進行を妨げた。四回裏が終わったのは、もう日没間近の十九時二十分。毎日の湯浅禎夫監督のアピールもあって、結局ここでノーゲームが宣告される。

これに怒ったのは、九州は福岡の荒くれ男たち。四〇〇人ほどの観客がグラウンドに乱入し、毎日の選手たちを取り囲んで暴行騒ぎ。機動隊が出動する始末になった。時代といえば時代なのだろうが、さすがに毎日もやり過ぎた。毎日の湯浅監督は騒動の責任を取らされて解任、そして翌一九五三（昭和二十八）年からは平和台球場にナイター設備が設置されている。

平和台球場は、ナイター設備に限らずスタンドの増築などの改良工事も進めていった。一九五八（昭和三十三）年には、スタンドを鉄筋コンクリート製に造り替え、収容人員を三万五〇〇〇人にまで増やす大改修も行われた。このときの工事費は、西鉄ライオンズが全額を負担している。

神様、仏様、稲尾様

このように、平和台球場が施設をプロ野球の本拠地にふさわしい形に造り変えていった時期は、まさに西鉄ライオンズの黄金時代と重なっている。

一九五六（昭和三十一）～一九五八（昭和三十三）年まで、西鉄ライオンズは三年続けて巨人との日本シリーズを戦った。西鉄の三原脩監督に対し、巨人の監督は水原茂。早稲田の三原、慶應の水原として、学生時代からライバル関係にあった二人の名将。西鉄と巨人の日本シリーズは、〝巌流島の決闘〟などと呼ばれて注目を集めた。

その結果は、三年続けて三原ライオンズの日本一。とりわけ三年目、一九五八（昭和三十三）年の日本シリーズは爽快だった。

三連敗を喫した西鉄がひとつ星を返し、一勝三敗で迎えた平和台球場での第五戦。一回に巨人が三点先制し、試合は巨人ペースで進む。しかし、四回からエース・稲尾和久が登板すると平和台の空気が一変。

七回に二点を返すと、追い詰められた九回裏に同点に追いつく。そして延長十回裏、打席にはエースの稲尾が立った。マウンドにはその回から登板した大友工。稲尾のフルスイングは、日本シリーズではじめてのサヨナラホームランになった。

その勢いを駆って、西鉄は後楽園での第六戦・七戦も連勝して大逆転日本一に輝く。稲尾は七試合中六試合に登板して四完投、西鉄の四勝はすべて稲尾の勝ち星だった。新聞には「神様、仏様、稲尾様」の見出しが躍る。エースが毎試合のように登板する、分業制などくそ食らえの時代だからこその記録だが、それにしたってマンガの世界を超えた伝説の完成だった。

しかし、その後の西鉄は次第に低迷するようになる。

西鉄ライオンズ時代の優勝は、一九六三（昭和三十八）年が最後。低迷が続いて平和台球場も閑古鳥が鳴いていた一九六九（昭和四十四）年には、球界を揺るがす八百長事件「黒い霧事件」が起こる。黒い霧事件の発端は、西鉄の永易将之の八百長行為発覚だった。続けて西鉄の複数の選手が関与していることも発覚し、西鉄球団の対応も批判を集めた。結局、西鉄からは四人の選手が永久追放処分を受けている。

当時の平和台球場

ただでさえ、下位に沈む中での八百長事件。人気はさらに低迷し、西鉄も球団経営への意欲を失ってゆく。そして、一九七二（昭和四十七）年十一月、西鉄は球団をついに手放す。売却先は当時ロッテのオーナーで、岸信介の秘書官を務めた経歴も持つ中村長芳だ。中村は太平洋クラブに命名権を売り、太平洋クラブライオンズに名を変える。一九七七（昭和五十二）年シーズンからは、クラウンガスライターに命名権が移ってクラウンライターライオンズになった。

そして、一九七八（昭和五十三）年オフ。創設以来福岡の地にあったライオンズは、国土計画への売却に伴って西武ライオンズと名を変え、埼玉県所沢市への移転が決定する。平和台球場は、完成から半世紀、ついにプロ野球チームを失うことになったのである。

ライオンズ移転後も途切れなかった公式戦

いわば主を失った平和台球場。しかし、その後もプロ野球の試合は続けられている。福岡市と地元企業による第三セクター・平和台野球株式会社が設立され、グラウンドを人工芝に一新。旧西鉄ライオンズであるところの西武ライオンズを中心に、毎年二〇～三〇試合ほどが平和台球場で行われた。セ・リーグからも巨人や阪神なども平和台で主催試合を行っている。

阪神は、毎年夏の甲子園期間中のロードで、平和台で数試合戦うのが八〇年代のならわしになっていた。バース・掛布・岡田の強力クリーンナップで優勝した一九八五（昭和六十）年も、八月十・十一日に中日を迎えて平和台球場で二連戦。連勝して翌十二日には、後楽園球場での巨人戦に備えて日航機で移動した。このときのナインの搭乗機は、直後に羽田から大阪に向かう一二三便になった。御巣鷹の尾根に墜落した、日本航空一二三便である。一二三便には中埜肇《なかのはじむ》阪神球団社長も搭乗しており命を落としている。

閑話休題。

プロ野球の公式戦が平和台球場から途切れることはなく、同時に地元有志によるプロ野球チームの誘致活動も行われていた。一九八四（昭和五十九）年にかつての西鉄のエース・稲尾がロッテの監督に就任したが、これは福岡への移転含みだったとも言われている。

そして、一九八八（昭和六十三）年、ようやく福岡の地にプロ野球が戻ってくる。南海ホークスを買収したダイエーが、本拠地を福岡に移転することを決定。本拠地は、もちろん平和台球場だった。

平和台球場でのダイエーホークスの公式戦は、一九八九（平成元）年四月十五日。対戦相手は、かつて平和台をホームにしていた西武ライオンズ。平和台球場が最も輝いていた時代、パ・リーグの強豪としてしのぎを削ったホークスとライオンズが、時を経て形を変えて、再び平和台で相まみえたのである。試合は両チームのエース、山内孝と工藤公康による投手戦。二対一で、ダイエーが勝利を収めている。

こうして十年の空白を埋めて、再びプロ野球の本拠地球場として蘇った平和台球場。しかし、それと同時に〝閉鎖〟へのカウントダウンも始まっている。一九八七（昭和六十二）年末、球場外周の改修工事中、球場の下から遺跡が見つかった。鴻臚館《こうろかん》――。

年明け早々に、当時の福岡市長が平和台球場を歴史公園として整備する意向を示す。移転してきたダイエーも、将来的には自前の新球場を建設する計画を持っていた。つまり、一九八九（平成元）年からの〝平和台球場復活〟は、最初からいわば期間限定だったのである。

ダイエーホークスは、四年間にわたって平和台球場で戦った。そして一九九二（平成四）年十月一日の対近鉄戦をもって、平和台球場での公式戦は最後になる。翌一九九三（平成五）年からの新しいダイエーの本拠地は、海の近くに生まれた福岡ドームだ。

それからも、しばらくは平和台球場も細々と稼働を続けている。プロ野球の試合こそなくとも、高校野球の県大会などではまだまだ主要球場のひとつだった。しかし、それも期間限定。一九九七（平成九）年をもって、平和台球場は閉鎖された。最後の野球イベントは、十一月二十四日、西鉄ＯＢと福岡市民代表による記念試合などが行われた、「さよなら平和台」イベントであった。

古代日本の外交の要が平和の台に

結果からみれば、平和台球場を閉鎖に追い込んだのは、球場の真下から見つかった鴻臚館の遺跡、ということになる。この鴻臚館とは、果たして野球場をひとつ潰すほどに価値のあるものだったのか。

答えからいえば、イエスである。

鴻臚館とは、古代日本の外交使節の接待機関だ。現代風に言い換えれば、迎賓館といってもいい。福岡は、日本列島における大陸からの玄関口に位置する。大陸との往来にはだいたい福岡を通ることになる。邪馬台国の時代にも、現在の福岡市内周辺に似たような施設があったという。

それが直接鴻臚館につながっているかはまったくわからないが、少なくとも七世紀後半には大和朝廷による迎賓館機能を持つ施設が置かれていたことはまちがいないようだ。国際関係が緊迫する時代にあって、当時は「筑紫館」と称されていた鴻臚館の果たす役割は決して小さなものではなかっただろう。

鴻臚館は、奈良時代から平安時代に入っても、迎賓館や外交使節の宿泊施設などとして一定の役割を果たした。九州における行政機関は太宰府に置かれており、その出先機関のような位置づけだったのだろうか。

ただし、この鴻臚館という施設があったことは各種史料からも明らかだったものの、具体的にどの場所にあったのかは判然としていなかった。古くは博多港に近い呉服町付近にあったとする説が有力だったくらいだ。

つまり、平和台球場の真下から見つかった遺跡は、ついに長年ナゾだった鴻臚館の位置を確定した大発見だったのである。

2020 年撮影の航空写真。遺跡発掘の跡がわかる

同様の施設は平安京や難波にもあったとされるが、どちらも正確な場所はまったくわかっていない。そうした点をもっても、鴻臚館発見はそれこそ教科書をも揺るがす大発見だったといっていい。

鴻臚館遺跡からは、イスラムやペルシアから流れ着いてきた器や中国の青磁器などが見つかっている。古代日本も、決してただ東国の孤立した島国などではなく、遠く海外とつながっていたことを教えてくれる。古代日本は、シルクロードの終着駅だったのである。

いまの平和台球場跡地を訪れると、そこはまるきり球場の形のままの芝生空間になっている。

公園の入口には平和台球場跡であることを示す記念碑が置かれていて、どこにホームベースがあったとか、スタンドはこのへんだとか、中西太の弾丸ホームランはどこに飛び込んだのか、などという想像を働かせる余地は充分に残っている。まったく住宅地などに転用されたケースと比べれば、かえって歴史公園として整備されたことが良かったのだろうか。

傍らには、鴻臚館に関する展示施設「鴻臚館跡展示館」が設けられている。そこに入って鴻臚館について学びを深め、改めて芝生の広場を眺めてみれば、西鉄の野武士軍団の活躍のさらに向こうに、古代日本の外交最前線だった時代の景色

平和台球場の記念碑

平和台陸上競技場

が浮かんでくるようだ。

そして、芝生広場から西に向かえば、福岡城の石垣があって、平和台陸上競技場。その脇を通って抜けると、大濠公園に通じてゆく。周囲はオフィスビルなどが建ち並ぶビジネス街といった印象の町。その中に、かつて一時代を築いた野球場。その昔は福岡城があって、さらに古には鴻臚館。一〇〇〇年を超える歴史の流れを教えてくれる、野球場の跡地である。

平和台球場の事実上の後継、福岡ドーム。いまは「みずほＰａｙＰａｙドーム福岡」と呼ばれるドーム球場は、一九八〇年代以降に生まれた地行浜《ぢぎょうはま》という埋立地にある。そこを本拠地とするチームは、ダイエーからソフトバンクホークスに移り変わった。平和台時代の四年間は弱小だったホークスは、いまや常勝軍団だ。

ソフトバンクのファンの中には、西鉄ライオンズ時代からの野球ファンも少なくないという。地域密着という点では、日本一といっていい熱狂ぶり。福岡の地で、野球熱が熱く燃え盛っているのは、その火を消さずに温め続けた平和台球場という存在があったから。それを忘れてはならない。

鴻臚館跡展示館。右は球場跡の広場

阪急らしい
住宅地の真ん中でプレイボール

豊中グラウンド

豊中駅は〝阪急らしさ〟を体現する駅のひとつ

阪急電車の沿線は、独特な空気感を抱えている。

あずき色の阪急マルーンが醸し出しているものなのか、それとも開業当時から自ら手がけてきた沿線開発のおかげなのか。いずれにしても、広く膾炙《かいしゃ》している「高級住宅地」のイメージが手伝っているであろうことは間違いない。

そんな阪急電車らしさがいちばん感じられるのは、やはり創業路線でもある宝塚線の沿線ではないかと思う。終点の宝塚など、しがない寒村だったところに線路が通り、阪急が手ずから町を作りだした。そして、まさしく阪急のシンボルといっていい、宝塚歌劇団の本拠地になっている。

大阪梅田駅に発する宝塚線沿線の住宅地も、伝統的に阪急によって育まれたベッドタウンだ。

宝塚線沿線でいちばん最初に開かれた住宅地が、いまの池田市内であることはよく知られている。まだ箕面《みのお》有馬電気軌道と名乗っていた阪急の創業期、一九一〇（明治四十三）年の宝塚線開通と同時に、池田駅西側に池田室町住宅地が開発された。

阪急豊中駅

池田室町住宅地は、大阪市内で働く中流層の会社員がターゲット。約二七〇戸が月賦販売されている。いまでこそ、住宅を購入する際にはよほどのオカネモチでもない限り、住宅ローンを組むのが当たり前。しかし、当時はまだまだそういう時代ではなく、いわば住宅ローンによる分譲住宅販売の先駆けであった。

次いで宝塚線とともに創業路線だった箕面線沿線では桜井住宅地が開発されるなど、箕面有馬電気軌道は着々と沿線の宅地開発を進めてゆく。これらの分譲住宅は、販売が開始されるやいなや完売するという人気ぶりだったという。

ちょうどこの時期の大阪は、東洋のマンチェスターとも呼ばれる工業都市であると同時に、それがゆえに「煙の都」なる異名を取るほどに工場が吐き出す煤煙が市民を悩ませていた。箕面有馬電気軌道は、それを逆手にとって「空気のキレイな郊外住宅で暮らす」ことをアピールしたのが成功につながったといわれている。東京圏では、関東大震災以後に郊外住宅が広まったが、関西では一歩先行。郊外に家を構えて都心に通勤するというライフスタイルが確立されたのである。

そうして生まれた町のひとつに、豊中がある。

豊中駅は、大阪梅田駅から阪急宝塚線の急行に乗って二駅、ほんの一〇分ほどで着く。阪急の路線が三方向に分かれる十三駅を出てからは、ほとんど線引きのできないような住宅地が続く中で、豊中駅もまた、周囲に住宅地を抱えている駅

駅から離れると住宅街が続く

豊中駅の周辺

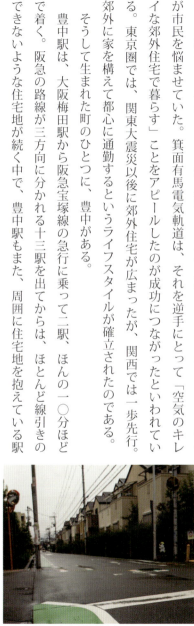

のひとつだ。

高架の駅の東側にはペデストリアンデッキが広がり、それを取り囲むように商業施設が集まっている。反対の西口はペデストリアンデッキを持たず、駅を出ればすぐに駅前商業ゾーン。そしてすぐに、ビッシリと戸建て住宅やマンションがひしめき住宅地に続いている。

今回は、豊中駅の西口に出て、住宅地の中を歩こう。

豊中駅西口の住宅地は、基本的には一戸建てが中心になっている。驚くほど大きな、お屋敷といいたくなるような御邸宅も目立つ。中にはマンションもあるのだが、それとてたいそう立派なもので、生半可なベッドタウンとは本質から異なる、この町の歴史を感じさせる。

もちろん、比較的新しいと思われる戸建て住宅も目立つ。大阪梅田、つまりキタの中心までほんの一〇分ばかりという交通利便性の良さは、古いベッドタウンにも新陳代謝をもたらすのだろう。

そんな住宅地の中を歩いてゆくと、小さな公園のようなスペースが現れた。「高校野球発祥の地記念公園」。その中に足を踏み入れれば、一九一五（大正四）年に行われた第一回全国中等学校優勝野球大会（全国高等学校野球選手権大会、つまり夏の甲子園の前身）の様子が写真とともに紹介されている。正面の住宅地の

高校野球発祥の地記念公園

住宅地のレンガ塀は球場の外壁の一部だという

間には、歴代の優勝校の名前が刻まれた小径もあった。

とどのつまり、この住宅地のど真ん中が、いまの夏の甲子園大会の原点、高校野球発祥の地というわけだ。

いま、この町をどこまで歩いても、基本的には住宅地が延々と続くばかりだ。飲食店の類いはむろんのこと、コンビニも自動販売機も見つからない。歩いて一〇分もかからない豊中駅前にそうした施設がすべて集まっているのだから、取り立てて不便ということはないのだろう。少なくとも間違いないことは、小さな歴史公園を除いては、この豊中の住宅地が高校野球発祥の地であったということを示すものはまったくといっていいほど残っていない、ということだ。

いったい、この町はどういう経緯で高校野球発祥の地になったのだろうか。

夏の甲子園優勝校が刻まれたプレート

参加十校が豊中に集い、〝甲子園〟ははじまった

現在の阪急宝塚線が開業してから三年後の一九一三（大正二）年。まだ松林が広がるばかりで開発の手が付いていなかった豊中に、ひとつのグラウンドが誕生した。豊中運動場、また豊中球場などと呼ばれたこともある、豊中グラウンドだ。

豊中グラウンドは、約一五〇メートル四方の正方形で、観戦のためのスタンドなども設けられていたという。

それまで、観客を集めることを前提とした野球場、グラウンドというものは、数えるほどしか存在しなかった。野球の試合となると、普段は練習で使われている旧制高校や大学の専用グラウンドが舞台になることがほとんど。数少ない例としてあげるならば、阪神電鉄による香櫨園《こうろえん》運動場などがあったが、短期間のうちに姿を消している。少なくとも関西における本格的な〝スタジアム〟としては、豊中グラウンドが事実上初めての例といっていい。

実際にはスタンドといってもお粗末なもので、枕木を組んだ仮設のスタンドを設ける前提だったともいわれる。いずれにしても、創業から間もない時期の箕面有馬電気軌道は、沿線に住宅地を開発すると同時に、集客力に期待できるグラウンドを設けたということなのだろう。宝塚新温泉や歌劇団、また梅田の百貨店のような沿線開発の一環とみることもできそうだ。

豊中グラウンドは、一九一三（大正二）年六月にグラウンド開きの記念試合を行っている。その試合は、慶應義塾大学とアメリカ・スタンフォード大学の対戦。東京・名古屋と転戦し、最後に新しく生まれたばかりの豊中グラウンドで戦った。当時の慶應野球部は、黎明期以来日本一の強さを誇っていた一高野球部に代わる最強軍団。そんな慶應野球部を招いてのグラウンド開きだから、豊中グラウンドに対する関係者の期待の大きさがうかがえる。

箕面有馬電気軌道は、グラウンド開きに合わせて豊中駅を開業させている。豊中駅の正式な営業開始は一九一三（大正二）年十月一日とされているが、実際にはそれ以前からグラウンド使用日には客扱いをはじめていたようだ。慶應とスタンフォードによるグラウンド開きでも、臨時列車を運行して観客輸送を行っている。梅田駅は試合観戦のために電車に乗ろうとするお客で大混雑になったという。

そして、そんなグラウンド開きから二年後の一九一五（大正四）年八月、大阪朝日新聞の主催によって、第一回全国中等学校優勝野球大会が開催される。箕面有馬電気軌道は観客輸送によって収益を上げることができ、大阪朝日新聞はライバルの大阪毎日新聞との販促競争で一歩抜きん出ることができる。両者の利害が一致した結果、豊中グラウンドでいまに続く〝夏の甲子園〟が産声をあげたのである。

豊中グラウンドが舞台になった第一回の〝夏の甲子園〟は、八月十八日、村山龍平朝日新聞社社長の始球式にはじまった。参加したのは地方予選を勝ち抜いた一〇校だ。

この第一回大会のほんの数年前、東京朝日新聞は新渡戸稲造や乃木希典らの言葉を借りて、「野球害毒論」なるキャンペーンを張っていた。その中身は実際のところ荒唐無稽なもの（わかりやすくいえば、「マンガを読むとバカになる」みたいなもの）だったが、害毒論の影響で対外試合を禁止していた学校も多かった。それが販促という大目的のもとではあっさりと宗旨替えをして全国大会を主催したのだから、大マスコミの節操のなさは伝統のようなものなのだろう（いちおうフォローしておくと、大阪朝日新聞は中等野球の主催者として大々的に報道したが、野球害毒論の中心を担った東京朝日新聞は比較的小さな扱いに留めている）。

ともあれ、第一回大会は参加校数が一〇校だけだったこともあり、大会期間はわずか六日間、八月二十三日に閉幕している。決勝では秋田二中と京都二中が延長十三回を戦い、二対一で京都二中がサヨナラ勝ち。グラウンドには仮設のスタンドを設け、バックネット裏には女性専用席も用意された。スタンドを覆った日よけのよしずは、のちの阪神甲子園球場の〝銀傘〟のルーツといったところか。観客数は、五日間の開催で五〇〇〇〜一万人ほど。試合終了後には、豊中駅に観客が殺到して大混雑だったという。

豊中グラウンドでは、翌一九一六（大正五）年にも第二回大会が行われた。

第二回ということもあって参加校は増加し、豊中グラウンドには十三校が集った。優勝したのは慶應普通部だ。ちなみに、記憶に新しい二〇二三（令和五）年の慶應の優勝は、この第二回大会以来一〇七年ぶりの快挙だった。

この第二回大会の頃には、中等野球の人気は急速に拡大していた。豊中グラウンドも仮設スタンドで対応したが追いつかず、それどころか輸送力もまったく不足するありさま。そうした事情もあって、第三回大会からは会場を阪神沿線の鳴尾球場に移す。鳴尾競馬場の馬場内に設けられた野球場で、二面あったことから同時に二試合できることなどが理由だった。

そして、一九二四（大正十三）年にはいまに続く阪神甲子園球場にお引っ越し。結局、豊中グラウンドではわずか二回しか、〝夏の甲子園〟が行われることはなかった。

それでも、豊中から〝夏の甲子園〟の歴史がはじまったことは紛れもない事実だ。そういう事情でのちに記念公園が整備されることになる。一九八八（昭和六十三）年、〝夏の甲子園〟七〇回を記念して「高校野球メモリアルパーク」が設けられたのがはじまりだ。二〇一七（平成二十九）年に公園として整備され、現在の「高校野球発祥の地記念公園」になった。

と、こうして豊中の住宅地の中に高校野球発祥の地があるナゾは解けたのだが、話はこれでは終わらない。豊中グラウンドが「発祥の地」になっている高校スポーツは野球だけではないのだ。サッカーも、ラグビーも。どちらも豊中グラウンドで全国大会の第一回大会が行われている。はじまりは、一九一八（大正七）年一月に開催された、第一回日本フートボール優勝大会であった。

豊中ではじまった全国大会は他にも……

第一回日本フートボール大会では、サッカー（ア式）とラグビー（ラ式）、ふたつのフットボールの大会が行われた。まだまだ当時はサッカーもラグビーも人気が低く、そのためにひとまとめにして大会が開かれたというわけだ。

きっかけは、ラグビーだった。慶應ラグビー部の主将を務め、卒業後は大阪市内で建築用品店を経営していた杉本貞一が、大阪毎日新聞に話を持ちかけたことから話が動き出す。ライバルの大阪朝日新聞が中等野球の成功で部数を大きく伸ばしており、大阪毎日は挽回の機会をうかがっていた。同時に、中等野球の会場を阪神に奪われていた阪神急行電鉄もまた、ライバルに一矢報いるチャンスを求めていた。ここでも利害が一致して、豊中グラウンドでフートボール大会開催につながったのだ。

実はこの大会、はじめは野球と同じく中等学校によるラグビー大会を想定していたという。しかし、当時はまだ本格的なラグビー部を持つ中等学校は少なかった。そのため、中等学校だけでなく大学や高校の参加も認めている。集まったのは、慶應・全同志社・三高・京都一商の四校。このうち同志社と慶應は大学チームで、純粋な中学チームは京都一商だけだった。

大学生と中学生が同じ大会で、それもコンタクトスポーツのラグビーで戦うなど、いまの常識ではおよそ考えがたい。それでも大会が実施されたのは時代がゆえか、それともラグビー普及への情熱ゆえか。大阪毎日新聞の大阪朝日新聞に対する、そして阪神急行電鉄の阪神電鉄に対するライバル心、意地のようなものも影響したのかもしれない。

ただし、中学生と戦うことになった慶應の大学生たちは、さすがに気が引けたようだ。慶應は京都一商との一回戦を棄権している。不戦勝で勝ち進んだ京都一商は、決勝で全同志社と戦った。慶應の選手たちはこの試合をスタンドで観戦、中学生チームの京都一商を応援したという（結果は三一対〇で全同志社の優勝）。

こうしてフートボール大会の「ラ式」は落着したのだが、改めて考えてみると参加したのはわずかに四校。それでは実態としては全国大会とは言い難い。そこで、ラグビー単独ではなく「ア式」、つ

豊中駅デッキには高校ラグビー発祥の記念碑

まりサッカーも合同で大会を挙行することになった。

サッカーでも大会前に慶應が棄権したため、関西の八校によって戦われ、優勝したのは御影師範。こちらも胸を張って全国大会とはいえない規模だった。ちょうどこの時期には関東地方や東海地方でも地域限定の大会が行われており、そうした地域大会のひとつという見方もできるかもしれない。

それでも、フートボール大会は一九二一（大正十）年まで豊中グラウンドで毎年行われ、以後宝塚球場や甲子園球場などに舞台を移して続く。一九二五（大正十四）年からは、サッカーとラグビーが分かれてそれぞれの大会に独立。現在ではサッカーが国立競技場、ラグビーが花園ラグビー場を〝聖地〟として、回数を刻んでいる。いずれも記念すべき第一回は、豊中グラウンドで行われた一九一八（大正七）年の日本フートボール大会である。

豊中グラウンドでは、これらの中等野球やサッカー、ラグビー以外のスポーツイベントも盛んに行われている。

代表的なもののひとつに、社会人野球があった。一九一五（大正四）年の秋には美津濃商店（現・ミズノ）主催で大阪実業団野球大会が開催され、一〇チームが参加している。実業団チームは都心から近くて使い勝手のいい豊中グラウンドを重宝していたようで、毎週末のように試合が行われていた。そうした実業団チームのために、箕面有馬電気軌道は浴室やロッカールームなどを整備している。実業団から得られるグラウンド使用料も、バカにならない収益源だったのだろう。

オリンピアン・金栗四三も参加したイベント

豊中グラウンドを語る上で避けては通れないビッグイベントも実施されている。グラウンドが誕生した一九一三（大正二）年秋、陸上競技を中心としたさまざまな競技の選手たちが一堂に会した「日本オリムピック大会」である。

ちょうどこの前年、一九一二（明治四十五）年、日本はストックホルムオリンピックに初めて選手団を派遣している（出場選手は三島弥彦・金栗四三《かなくりしそう》の二人）。結果は惨敗だったが、来るべき一九一六（大正五）年のベルリンオリンピックに向けて選手強化の機運が高まっていた。豊中グラウンドでの日本オリムピック大会は、そうした中で行われた大会だった（なお、ベルリンオリンピックは第一次世界大戦の激化によって中止になった）。

実際、日本オリムピック大会では一〇〇メートルや四〇〇メートル、五〇〇〇メートル、また走り幅跳びや棒高跳びといったオリンピックの正式種目が中心に採用されている。ストックホルム大会に出場した三島弥彦のアドバイスを得てグラウンドを改修したのも、本気度の現れといったところか。

現在の日本陸上競技選手権大会に通じる第一回全国陸上競技大会が開催されたのは、日本オリムピック大会に遅れること約ひと月後。つまり、豊中グラウンドでの日本オリムピック大会は日本で初めての本格的な陸上競技大会だった。

初日には地元の小学生による徒競走や女学生によるスウェーデン体操が披露されるなど、大規模な〝地域の運動会〟のような側面もあったことは事実だ。

それでも、日本オリムピック大会はその後も豊中グラウンドでの開催が続き、一九一五（大正四）年五月の大会では金栗四三がクロスカントリー競技に出場して耳目を集めたりもしている。一九一六（大正五）年の第三回大会では、バスケットボールとバレーボールでも〝日本初の公式戦〟が行われた。

こうして規模を拡大していった日本オリムピック大会は、野球やサッカー、ラグビーと同様に豊中から去ってゆく。そして、各競技団体も形が整ってくると、それぞれが主催する大会が中心に。そうしていつしかオリムピック大会は沙汰止みになった。それでも、豊中グラウンドでの日本オリムピック大会が、日本の近代スポーツが世界に羽ばたく大きな第一歩になったことはまちがいないといっていい。

野球にサッカー、ラグビー。そして陸上競技にバスケにバレー。あらゆる近代スポーツが原点を刻んだ豊中グラウンド。しかし、いま豊中の町を歩いても、そんな古の熱狂の面影は残っていない。高校野球発祥の地記念公園、あとは豊中駅東口のペデストリアンデッキの片隅に高校ラグビー発祥の地の碑。また、観客席の土台に使われていた赤煉瓦が住宅地の壁に残っていることくらいだろうか。グラウンド跡地はまったく消え失せて、住宅地に生まれ変わっている。

豊中グラウンドは、一九二二（大正十一）年に宝塚球場ができたこともあって閉鎖される。跡地周辺とあわせて開発され、あっという間に住宅地に生まれ変わった。実際のところ、まだ豊中の宅地開発まで手が回らない段階で、半ば広告宣伝の目的でグラウンドを置いただけで、本格的なものは志向していなかったのかもしれない。

とはいえ、豊中グラウンドが日本のスポーツ史において果たした功績は色あせない。それも、ただスポーツをするだけでなく、〝見る楽しみ〟を与えたのだ。近代スポーツは、ただプレイするだけでなく、観客の熱狂があってはじめて成り立つ。それを形にして実績を残した先駆けが、豊中グラウンドなのだ。

豊中の住宅地の中に、かつて十年ばかり存在していた豊中グラウンド。それは日本のスポーツ黎明期の夢幻だったのか。豊中グラウンドが消えて二年後の一九二四（大正十三）年、阪神甲子園球場が産声をあげた。

彼らの夢を弄んだのは
国か、市長か、それとも

夕張

あゝ無情、金属片の散らばった駐車場

夕張の中心市街地を抜けて、いちばん奥の山の入口まで歩く。そこには、石炭産業を背景にした夕張の栄華を伝える、夕張市石炭博物館がある。

この博物館ももちろん見どころに富んでいるのだが、それよりも何よりも気になるのは、その手前の広大な空き地だ。駐車場だったのだろうということはわかる。しかし、使われていないのは明らかだ。

立ち入り禁止を示す標識には、「金属散乱…侵入したらパンクの危険」などと書かれてあった。加えて、「この広大な廃墟は…かつての歴史村遊園地・大駐車場」とある。普通に「立ち入り禁止」とだけ書いておけばいいものを、なんだか自虐的である。

そしてこの広大な廃墟の真ん中には、「夕張希望の丘」と大書された巨大な煙突がぽつねんと立ち尽くしている。「希望の丘」という文言とは裏腹に、廃墟と化した駐車場には無常観ばかりが漂う。かつて、夕張の町が抱いていたであろう夢や希望は、もはやこの廃墟には残っていない。

夕張市石炭博物館一帯は、まさに夕張の歴史の象徴といっていい場所だ。

いまのように駐車場が広大な廃墟になる以前、この場所には石炭の歴史村というレジャー施設が広がっていた。石炭博物館もその一施設で、他には遊園地の「アドベンチャーファミリー」、石炭輸送で活躍した鉄道車両などが展示されていた「ＳＬ館」、世界中の動物の剥製を約一〇〇〇体も展示していたという

「知られざる世界の博物館」、ロボット一〇〇体以上が並ぶ「ロボット大科学館」。他にも劇場からレストラン、フラワーガーデンなどなど、夕張と関係があってもなくてもお構いなし。ありとあらゆるレジャー施設が集まっていた。

それ以前のこの場所は、石炭の町・夕張の中核だった。北炭夕張炭鉱新第二炭鉱の敷地で、石勝線夕張支線の終点・夕張駅もこの場所だ。二〇一九（平成三十一）年に廃止されたときの夕張駅は小さな棒線駅に過ぎなかったが、往年の夕張駅は炭鉱の入口にあって実に広大な敷地を有していた。石炭を山積みにした貨車がひっきりなしに行き交う、実に活気に満ちたターミナルだったという。

そんな歴史を背負う廃墟の駐車場。真ん中に立つ「夕張希望の丘」の煙突は、北炭の大煙突だ。ほかにも模擬坑道や石炭大露頭など、石炭時代の面影を残しているものはちらほらと残るが、大煙突こそ炭都・夕張の栄光のプライドそのものといっていいだろう。

炭都の一大ターミナルから、新生夕張が希望を託したレジャー施設、そしていまは……。この移り変わりこそが、夕張の町の激動の歩みと重なっている。そして、廃墟を前にして抱く無常感。これはただ単に夕張の栄枯盛衰が胸に迫ってくるから、とだけは言い難い。むしろ、戦後日本の映し鏡にほかならないのである。

旧夕張駅

歴史村遊園地・駐車場の跡地

一九六〇年代、夕張は黒いダイヤで輝いた

夕張の町の歴史は、石炭とともにはじまった。明治初期に鉱脈が発見されると、すぐに入植がはじまって次々に炭鉱が開かれていった。一八九二（明治二十五）年十一月には、北海道炭礦鉄道の追分～夕張間が開業。同年八月に開業していた室蘭～岩見沢間（現在の室蘭本線）と結ばれ、石炭の輸送ルートも確立される。

北海道炭礦鉄道は国有化によって鉄道を手放したものの、北海道炭礦汽船（北炭）と名を変えて、長く夕張の石炭産業の中核を担った。一九二六（大正十五）年には子会社の夕張鉄道によって夕張鉄道線を開業させている。

夕張鉄道線は、函館本線野幌駅から室蘭本線栗山駅を経て、山中を貫いて夕張の市街地に乗り入れる私鉄路線。石炭輸送はもとより、夕張の市民生活にも欠かせないローカル私鉄であった。

輸送ルートが確立すると夕張の炭鉱開発は一層促進される。志幌加別川や夕張川沿いを中心にいくつもの炭鉱が開発され、文字通りの「炭都」に育ってゆく。北炭の夕張鉱業所と平和鉱業所、三菱の大夕張鉱業所の三カ所が軸で、関連産業も発達。文字通り、日本の近代化の礎となった。

炭都・夕張の全盛期は、戦後になってからの一九六〇年代前半だ。

一九六〇（昭和三十五）年には人口が十一万六九〇八人に達した。市内には二十四の〝ヤマ〟があり、

一万人以上が働いていたという。一九六四（昭和三十九）年には年間出炭量が四〇〇〇万トンを突破。当時の北海道の出炭量の約二〇パーセントを占めていた。この頃の石炭の国内生産量が五〇〇〇〇万トンほどだから、夕張の存在感たるやいかばかり、といったところだ。

賑わったのはヤマばかりではない。夕張本町をはじめとした中心市街地の商店街は活気に満ち満ちて、百貨店や映画館が建ち並ぶ。当時、市内には十七の映画館があったという。

ヤマの男たちやその家族の生活は、すっかり北炭によって支えられていた。家賃も水光熱費もぜんぶタダ。映画館までタダだったというから、単に給料を払っていたという以上の、従業員と家族ひっくるめての〝丸抱え〟。炭鉱住宅に暮らす人たちは、壁を隔てても互いに家族のようだったというから、特別な仲間意識が醸成されていたのだろう。

しかし、この全盛期、すでに凋落の予兆は見られていた。

一九六二（昭和三十七）年に原油の輸入自由化が実施され、日本でも急速に石炭から石油へのエネルギー転換が進んでゆく。

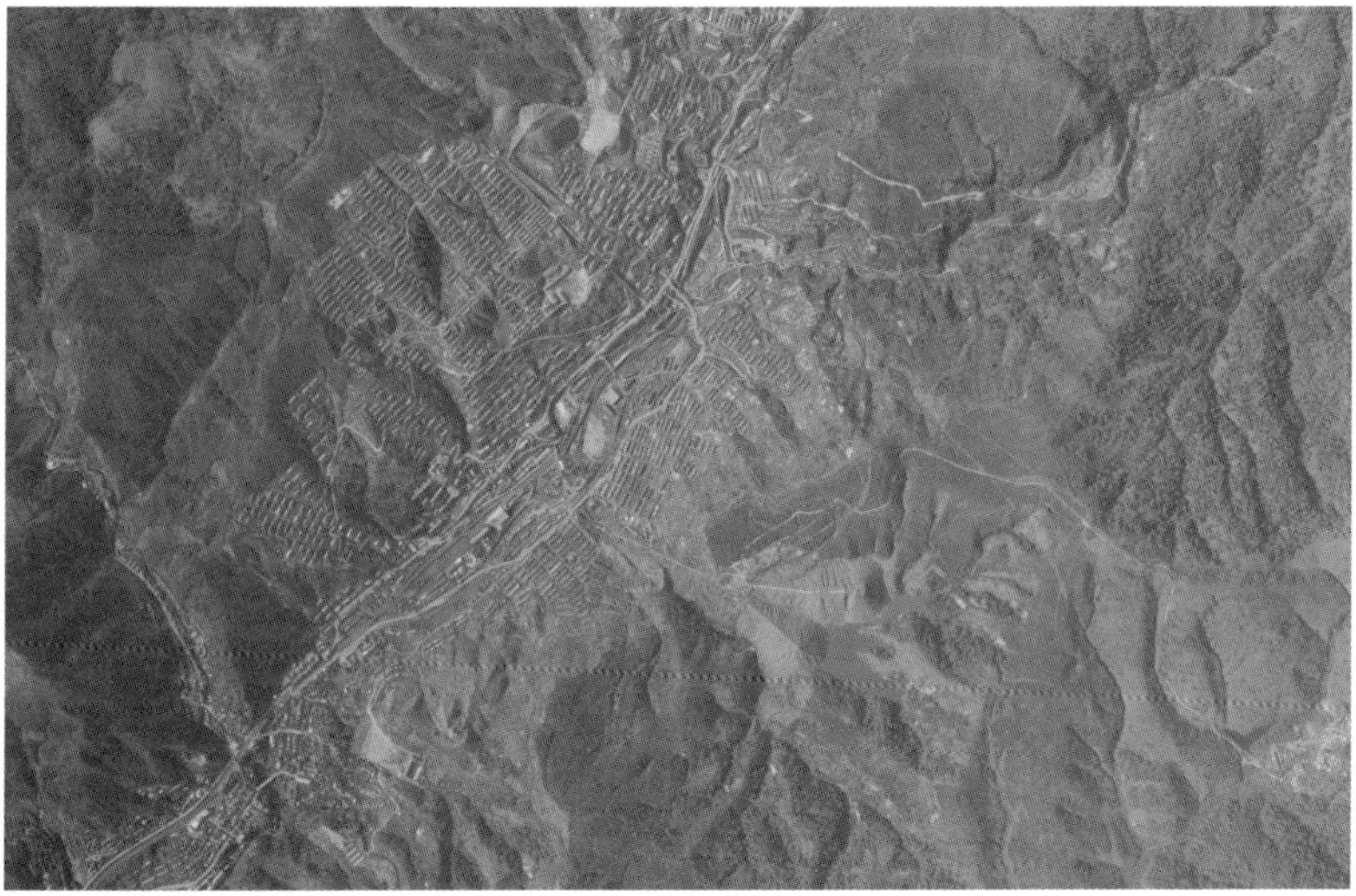

1966 年撮影の航空写真。画面中央、建物のほとんどは炭鉱住宅

また、石炭も安価な輸入炭に押され、国内の炭鉱は次々に閉鎖に追い込まれる。そうした時代の直前にあって、夕張は炭都としていちばんの輝きを放ったのである。

蒼井優主演で二〇〇六（平成十八）年に公開された映画『フラガール』。一九六五（昭和四十）年の常磐炭田を舞台に、大幅な人員削減を迫られて常磐ハワイアンセンター、つまり観光に活路を見いだすまでを描く物語だ。蒼井優演じる紀美子は、親友の早苗に誘われてフラガールを目指す。しかし、早苗はフラガールとして舞台に立つことはなく、家族で〝新天地〟夕張に去ってしまう。

一九六五（昭和四十）年の時点で、すでに常磐炭田では撤退戦がはじまっていた。だが、夕張をはじめとする北海道の炭鉱はまだまだ繁栄を謳歌していたのだ。来るべき未来はすぐそこに迫っていた中での輝きだったのである。

一九六〇年代後半から、夕張のヤマは少しずつ減ってゆく。全盛期に二十四あったヤマは、一九七〇（昭和四五）年には十にまで減っていた。そうした中で、国は北炭をはじめとする夕張の鉱業所に対し、徹底した合理化・近代化による生産効率の向上を求めてゆく。それと引き換えに、国から補助金が得られる。このスキームで、かろうじて炭都・夕張は命脈をつないでいた。

しかし、輸入炭の安さにはどうしたところで対抗できるわけもなく、一九八一（昭和五十六）年、ついにムリがたたって事故が起きてしまう。九三名が死亡した、北炭夕張新炭鉱ガス突出事故だ。この事故をきっかけに北炭の経営は急速に悪化して倒産。夕張新炭鉱も翌一九八二(昭和五十七)年に閉山になっている。

炭都・夕張から最後のヤマが消えたのは、一九九〇(平成二年)だ。三菱石炭鉱業南大夕張鉱山が閉山し、石炭の町としての夕張は、幕を引いた。

そして、一九七〇年代以降斜陽化が顕著になっていった石炭産業と入れ替わるようにして出てきたのが、〝観光〟だった。

アイデア市長・中田鉄治、驀進す

石炭の町から、観光の町へ。夕張が選択したこの道には、すでに先駆者がいた。『フラガール』の常磐炭田である。常磐炭田は、炭田から湧き出る温泉を活用した常磐ハワイアンセンター(現・スパリゾートハワイアンズ)が大成功。いまも福島県浜通りを代表する観光地として賑わっている。

夕張しかり、常磐炭田しかり、石炭産業が衰退したとしても、放っておくわけにはいかない。多くの従業員の雇用先を確保しなければならないから、新たな産業を興すことは不可欠なのだ。九州の三池炭鉱のように、炭鉱を運営していた三井がそのまま化学工業に転じてくれれば話は早い。しかし、北炭が倒産を伴って撤退してしまった夕張では、夕張山地の山奥という地理的条件もあいまって、まったく新しい産業に進出せざるを得ない状況だった。

夕張の観光都市化を牽引したのは、中田鉄治という男だ。一九七九(昭和五十四)~二〇〇三(平成十五)年まで六期二十四年にわたって夕張市長を務めた中田が、まだ助役だった一九七七(昭和五十二)

年に「炭鉱から観光へ」を掲げて「石炭の歴史村」の事業をスタートした。それが、すべてのはじまりだった。

中田は巨大な炭鉱跡をそのまま観光資源として活用することを考え、超のつく積極的な産業振興策を展開した。その柱となったのが石炭の歴史村だ。一九七八（昭和五十三）年に着工し、一九八〇（昭和五十五）年に石炭博物館などが先行開業。一九八三（昭和五十八）年に遊園地のアドベンチャーファミリーなどが開業して全面開業している。

歴史村建設の当初予算は五五億円。当時の夕張市の年間予算は一一〇億円ほどだったから、夕張市の財政力からすればあまりに分不相応な過大投資であったことは間違いない。しかし、開業直後から客入りは上々で、一九八五（昭和六十）年には年間の観光客数が約一八四万人に達している。歴史村先行開業の一九八〇（昭和五十五）年時点では五五万人ほどに過ぎなかったのだから、観光都市として目覚ましい成長を遂げたといっていい。

歴史村は最初の数ヶ月を乗り越えてからは黒字に転じ、順調な滑り出し。従業員の多くは元炭鉱労働者たちだし、観光客がやってくることによって中心市街地の賑わいも維持される。「炭鉱から観光へ」の見事な転換に、町の人々は喝采を送った。

中田はさらに進んでゆく。閉山対策という名目があるから、国からさまざまな形で補助を得ることができたのもプラスに働いたのだろう。

新たな特産品として目をつけた夕張メロンの加工施設として、一九八五（昭和六十）年にめろん城をオープンさせる。中田自身の映画好きもあいまって、ふるさと創生事業として一九九〇（平成二）年にはゆうばり国際冒険・ファンタスティック映画祭を開催。以後、多少形を変えつつも、いまに至るまで毎年開催されており、映画の町・夕張の目玉イベントに育っている。

こうした中田の積極策は、とうぜん市の財政を圧迫する。一九八〇年代早々に財政再建団体入り目前に陥り、国から積極財政の転換を求められたこともある。しかし、中田はまったく意に介さず、積極財政をますます加速させていった。

これが最終的には夕張市の財政破綻につながるのだが、中田市長にも同情の余地はある。そもそも、炭鉱労働者やその家族の生活は、水光熱費から家賃まですべて北炭の丸抱え。北炭の倒産後は、そのすべてを夕張市が引き受けねばならなかったのだ。閉山後、夕張市は炭鉱住宅五〇〇〇戸や上下水道などを買収しており、それらを含む閉山処理の費用は六〇〇億円近くに及んでいる。

こうした〝後処理〟ばかりを押しつけられた夕張市。だから、多少のムリを押してでも積極財政に突き進むしかなかったという面があることには留意しておかなければなるまい。少なくとも、六期二十四年にわたって市民から支持を集めて市長を務めたのには、それなりのワケがあるというわけだ。

中田はアイデアマンでもあり、市の職員を吉本興業に出向させるなど、一風変わった施策も連発している。一九八六（昭和六十一）年に本町の商店街の一角（百貨店の丸丹おかむら跡）にホテルシューパロをオープンさせたのも、中田の発案だ。最初はホテル経営事業者に運営を依頼したが断られ、ならば自らやるまでと歴史村と同じ第三セクターによる運営での開業に踏み切った（第三セクターの社長は中田市長だったので、事実上の市営といっていい）。

市街地の真ん中に生まれたホテルへの期待は大きく、誘客にあたっては市の職員を二人一組で道内各地に送り込んで営業活動をさせている。これもまた中田のアイデアで、曰く「それなら人件費がかからない」とか。いまの時代ならばブラック企業そのものだが、一九八〇年代はこの程度のことなら夕張だけでなく、日本中で当たり前の時代であった。

身の丈に合わない積極策の行き着く先は……

こうして炭鉱から観光へ、炭都から観光都市へ、その歩みを着実に歩んでいたはずの夕張市。しかし、中田の推し進めた積極策は、あまりに分不相応、身の丈に合っていなかった。

「石炭の歴史村観光」などの第三セクターも、実態としては放漫経営そのものだった。市役所から天下ってきた職員が、取り立てて何をしているわけでもないのに高い給料をもらい、施設の維持管理には地元企業を優先する随意契約を連発。とうぜん競争入札よりも高く付き、第三セクターが赤字に転落すればその穴埋めは夕張市。財政赤字は膨らむばかりだった。志は立派でも、中田の市政は再選を重ねるうちに、内実はボロボロになっていた。

すべてが明るみに出たのは、中田が市長を退いて三年後、二〇〇六（平成十八）年に夕張市が事実上の財政破綻、財政再建団体になったときのことだ。

夕張市を財政破綻に追い込んだ、直接の原因は〝ヤミ起債〟である。当時、地方債の発行には総務大臣（自治大臣）か都道府県知事の許可が必要だった。しかし、極度の財政難から夕張市は市債発行の許可が得られず、民間金融機関から〝一時的〟の名目で融資を受けて、それを長期にわたって借り換えを繰り返しながら凌ぐ。典型的な自転車操業である。

ヤミ起債による借り入れは表面的には赤字にはならない。そのため表に出ることはなかったのだが、ここまでくればもはや違法、真っ黒である。ただ真っ黒ならばまだしも、返すあてのない借金が膨らむばかりになるから、年を追うごとにニッチもサッチもいかなくなってくる。

実際には、夕張市のヤミ起債や財政破綻に至るまでの経緯はもっと複雑で、北海道も見て見ぬ振りというか、事実上黙認していたフシもあるという。最後の最後まで表面的な黒字を維持することに固執していたという、市の姿勢があまりにも不誠実だったことも事実だ。少なくとも折からの中田市長による積極財政による財政難にヤミ起債が重なって、行き詰まったことはまちがいない。

ヤミ起債に手を染めた最初のきっかけは、スキー場だ。

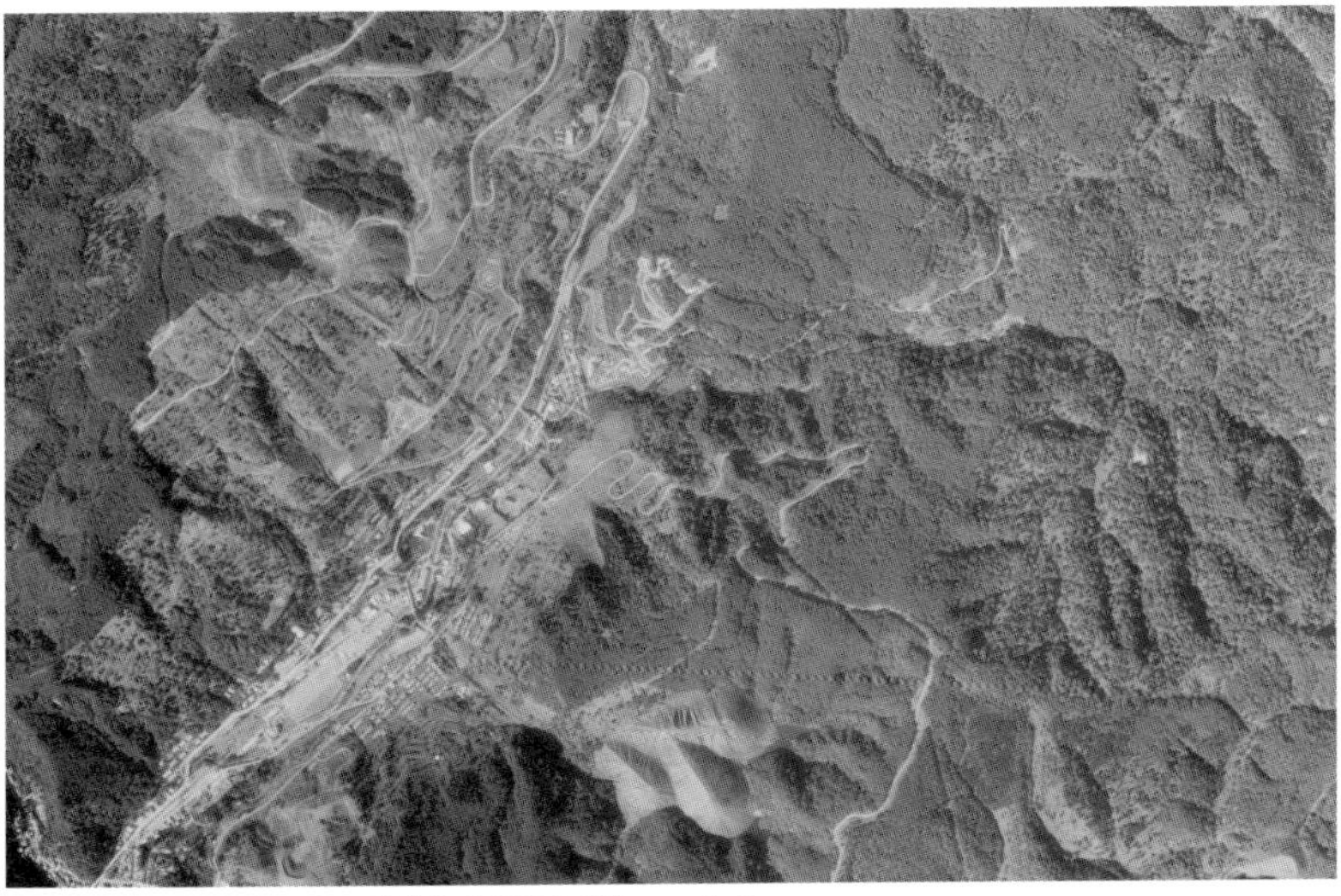

1999年撮影の航空写真。炭鉱住宅は姿を消しつつある

旧夕張駅のすぐ裏にある、マウントレースイスキー場。一九七二（昭和四十七）年、炭鉱を営んでいた大和鉱業によって開発され、一九八四（昭和五十九）年にはいったん第三セクターの石炭の歴史村観光に譲渡。一九八八（昭和六十三）年には松下興産が買収している。松下興産は、パナソニック創業者である松下幸之助一族の資産運営会社で、バブル期には積極的な観光開発に乗り出していた。そのひとつが、マウントレースイだった。

松下興産の時代にマウントレースイは施設を拡張。約一〇〇億円を投じてホテルを建設し、コースを夕張駅のすぐ裏側までに拡大している。ちょうどこの時期はスキーブームに沸いていた時期なので、あながち無鉄砲というわけでもない。

しかし、バブルが崩壊すると来場者も減少、そこにスキーブームの終焉が重なって、一九九〇年代前半には運営会社の松下興産の経営状況が悪化する。そのときマウントレースイの閉鎖も視野に入ったが、歴史村をはじめとする観光施設が軒並み赤字に転落していた夕張市にとって、虎の子のスキー場を失うわけにはいかなかった。

そこで、二〇〇二（平成十四）年に夕張市がマウントレースイを二六億円で買収することになる。しかし、このときに市債の発行が認められなかったため、金融機関から

マウントレースイスキー場

融資を受けて、土地開発公社を介して市が資金を肩代わり。ここでヤミ起債に手を染めた。みるみるうちに負債が膨らんでゆく、地獄の一丁目であった。

財政破綻時の夕張市の負債総額は、実に六三〇億円に達していたという。全盛期、十二万人に近づいていた人口は一万三〇〇〇人ほどに減り、税収は一〇億円に満たない。そんな小さな過疎の都市が、それほどの借金を返すことができるのか。

調査によって解消すべき赤字額は三五三億円と判明し、現在は財政再建計画の真っ只中。計画の期限は二〇二七（令和九）年で、現在までに約二九〇億円の返済を終えている。職員の給与は大幅にカットされ、市民税や固定資産税なども増税。市民の暮らしも圧迫され、夕張の人々は厳しい時代を過ごすことになった。

夕張のいまと、日本の未来

そして、「炭鉱から観光へ」のシンボルだった石炭の歴史村も、一変することになる。運営者である第三セクターは、市からの資金援助が得られなくなって破綻、当初はすべての施設を閉鎖する予定だったという。しかし、加森観光が指定管理者になることで部分的に存続することになる。遊園地のアドベンチャーファミリーなどは閉鎖されて野ざらしの状態が続き、二〇一八（平成三十）年には改修工事を終えてリニューアル。指定管理者は炭鉱（ヤマ）の記憶推進事業団に移り、現在も炭都・夕張の歴史を伝えている。

ヤミ起債のきっかけになったマウントレースイは、歴史村やホテルシューパロなどとともに加森観光傘下に移り、二〇一七（平成二十九）年には加森観光の撤退で中国系の元大リアルエステート傘下へ。外資系の参入ではあるが、地元で雇用を維持することが買収の条件のひとつになっており、海外からのスキー客の誘致などによって活況を取り戻しつつあった（なお、二〇一九年には、香港の投資ファンドに売却されている）。

ところが、そんなところにコロナ禍がやってきた。スキー客は潮が引くように消え失せて、運営する夕張リゾートが倒産。スキー場もホテルも、すべて閉鎖された。二〇二一（令和三）年冬からスキー場だけが再開したが、ふたつのホテルはいまも野ざらしのまま、町の中に立ち尽くしている。

いまの夕張市の人口は、六三〇〇人前後だ。全盛期の二十分の一。町の中を歩いても、およそ活気に満ちているとは言い難い。ヤマの全盛期には人が歩けないほど賑わっていた本町の商店街は、店もまばらで人通りも少なくなった。

映画祭は細々と続き、〝映画の町〟であることを教えてくれるホーローの映画看板が寂しく町を彩っている。名物のカレーそばの店には、観光シーズンには小さな行列ができるし、石炭博物館を訪れる観光客もパラパラと。「幸せの黄色いハン

市庁舎

町中に佇むホテル

カチ想い出ひろば」も、夕張の人気スポットのひとつだ。それでも、〝破綻都市〟のイメージに覆われて、いまの夕張からは観光都市の面影も、また炭都の記憶も、消えつつあるといっていい。

夕張の歴史を支えてきた石勝線夕張支線は二〇一九（平成三十一）年に廃止された。いまは夕鉄バスが石勝線新夕張駅との間を結ぶ。札幌との高速バスが廃止されたいまとなっては、夕張にたどり着く唯一の公共交通だ。

もちろん大きな病院もなくなって、小さな診療所があるばかり。財政再建団体になって人工透析ができる病院がなくなってから、夕張市民の平均寿命が長くなったという。それをもって、「人工透析は寿命を縮める証拠」などとのたまう陰謀論者がいるらしい。しかし、実際は人工透析をしなければ生きていけない人たちがみな、夕張から去ってしまっただけのことだ。

広大な廃墟の駐車場の向こうにある、石炭博物館。ここはなかなか充実している。模擬坑道や大露頭もそうだし、炭都としての繁栄から観光都市への模索、そしてヤミ起債にはじまる財政破綻までを、漏れなくまとめている展示は見応え充分だ。わざわざ足を運ぶだけの価値がある。

しかし、この博物館でヤマの栄華と炭鉱閉山後に観光都市を目指してもがいた歴史を知れば知るほど、廃墟の駐車場と「希望の丘」の煙突が虚しく見えてくる。ふたつの大型ホテルは営業休止が続き、再開の目処はたっていない。この先、夕張という町がどこへ行くのかは、まったくわからない。

映画の町・夕張

だが、産業を失った山奥の古い町が、分不相応にもがいて万策尽きて悪事に手を染めた末路、などと嗤うこともできない。

石炭を欲したのは、夕張の人々ではなくすべての人々、とりわけ都会に暮らす人たちだ。それが石油の時代になったからといって、急に要らないといって放り出す。観光立国だって、国が声高に唱えてはいるものの、ただ野放図にインバウンドを招き入れているだけで、実態は空疎なものだ。

いまの夕張の姿は、近い将来の日本そのものなのである。

夕張からの帰路、夕暮れどき。夕鉄バスに乗って新夕張駅を目指す。バスには途中から高校生や小中学生が乗ってくる。特に小学生の笑顔と嬌声で溢れるバスの中は、夕張の町の中でいちばん賑やかだ。

夕張の、そして日本の「希望」は、いまもそこで暮らし、育つ子どもたちの存在にほかならない。

本文中の航空写真は国土地理院撮影の画像を加工したものです。

おわりに

もうその場所になくなって久しい野球場や競馬場、また遊園地。こうした施設の跡地を巡るには、現在の様子を写し取っている地図だけでは心許ない。施設が現存していた時代の地図を紐解き、また時にはそれより前の地図も手元に置いておきたい。そうした地図を見比べるだけで、どのように町が移り変わってきたのかがひと目でわかるからだ。

そして、それから改めて町に繰り出す。すると、現実の町並みがいかに雄弁なのかが実感できる。そこに建ち並んでいるものはすっかり形を変えていても、よくよく探してみれば、確かに歴史の痕跡は残っている。必ずしも名所旧蹟と呼ばれるようなスポットに足を運ぶ必要はない。そうでなくても、何のことはない町のあちこちに、刻んできた歴史と、人々の思いが重層的に積み重なっているのだ。

先人たちが夢を見た、廃遊園地。その跡を訪れれば、夢はまだ終わらず、続いているのだということが伝わってくる。競馬場の跡地には、競馬に魅せられた人々の情念が残り、廃野球場を歩くともはや伝説になった試合の熱狂が息づいている。勝者の歓びも、敗者の悔恨も、すべてが消えずにそこに残っているのだ。

いささか怪談めいてしまったが、町の歴史はそうした先人たちの思いによって作られてきたことは間違いない。そして、それらが確実にいまの町の姿にも影響を与えている。

これからも、町は変わり続けてゆくはずだ。いま、多くの人の歓迎によって生まれた施設も、数十年、少なくとも数百年後にはまったく地図から消え失せる。建物を大事にしないから、などという短絡的な話ではなく、時代とともに求められるものがまったく違うからだ。いまどき船橋ヘルセンターを作っても、どれだけの人に受け入れられるかどうか。レトロな遊園地は、レトロになって初めて価値を持つのであって、いまのテーマパークも数十年先にはレトロ扱いをされているかもしれない。

だからこそ、数十年後に「あれ、ここに何があったっけ？」などとならないように、いまの町の姿を目に焼き付けて記憶に留めておくことも、大事にしておきたいものだ。そのためにも、やはりいまと昔の地図を見ながら、町を歩く。そのたびに新しい発見があり、知的好奇心がくすぐられる。

先人たちの夢の跡を歩く旅は、あんがいと今の自分を見つめるような、そういう作業なのかもしれない。

鼠入昌史（そいり・まさし）

1981年東京都生まれ。週刊誌・月刊誌などあらゆるジャンルの記事を書き散らしつつ、鉄道関係の取材・執筆も継続して行っている。阪神タイガースファンだが、好きな私鉄は西武鉄道。著書に『降りて、見て、歩いて、調べた　京浜東北・根岸線47駅』（イカロス出版）、『トイレと鉄道』（交通新聞社）などがある。

それからどうなった？　―「あのころ輝いた場所」の「今」を歩く―

2025年1月23日　　初版第1刷発行

著　者　鼠　入　昌　史

発行者　柴山　斐呂子

発行所　理工図書株式会社

〒102-0082　東京都千代田区一番町27-2
電話 03（3230）0221（代表）
FAX 03（3262）8247
振替口座　00180-3-36087番
https://www.rikohtosho.co.jp
お問合せ info@rikohtosho.co.jp

ISBN 978-4-8446-0969-8

印刷・製本　丸井工文社